英語多読セレクション

Page Turners　Level 1

アクティビティBOOK

山本史郎 監修　オープンゲート編集部 編

JN060930

OpenGate

監修者のことば

英語力の底上げを図るには**「インプット」を増やすこと**が不可欠です。しかし、ただやみくもに英語の文章を読んだとしても、あまり高い効果は望めません。大切なのは、**学習者のレベルに合った教材**を選ぶことです。また、内容などの疑問点をカバーしてくれる指導者の立ち会いのもとにリーディング学習を行うことが理想です。そうすることで、高い理解度を保ちながら、効果的にインプットを増やしていくことが可能になります。本冊子は、**読者にとっての「指導者」となるガイダンス**として活用いただけるように作られています。本冊子を参照しながら英文を読んでいくことで、リーディング学習の効果を最大限にまで高めることが可能になります。

監修　山本史郎（やまもと しろう）

東京大学名誉教授、昭和女子大学国際学部教授。1954年生まれ。翻訳家。東京大学教養学部教養学科卒業。大阪市立大助教授を経て、1987年より東京大学にて教鞭をとる。2019年より現職。専門はイギリス文学・文化、翻訳論など。

〈主な著書〉
『名作英文学を読み直す』（講談社）、『CD付 東大講義で学ぶ英語パーフェクトリーディング』（DHC出版）、『東大の教室で「赤毛のアン」を読む』（東京大学出版会）、『英語力を鍛えたいなら、あえて訳す！』（共著、日本経済新聞出版社）、『名訳を生み出す翻訳トレーニング』（秀和システム）など。

〈主な翻訳書〉
『ネルソン提督伝』、『ホビット－ゆきてかえりし物語』、『トールキン 仔犬のローバーの冒険』、『完全版赤毛のアン』、『アーサー王の円卓の騎士』、『血と砂－愛と死のアラビア』（以上原書房）、その他に『自分で考えてみる哲学』（東京大学出版会）、『大人の気骨』（講談社）、『オリバー・ツイスト（上巻・下巻）』（共訳、偕成社）など。

もくじ

Story 1. Come Home 帰っておいでよ ………………… 11

Story 2. Roommates ルームメイト ………………… 33

Story 3. Soccer Crazy サッカーに夢中！ ………… 55

Page Turners シリーズについて

Page Turners は初〜中級の英語学習者向けの Graded Readers※です。日本の学習者を熟知したロブ・ウェアリングが監修。Level 1 〜 12の12レベルあり、全部で50冊のシリーズです。アクション、ロマンス、スリラー、犯罪、ミステリー、ドラマ、ヒューマンインタレストなど、さまざまな人気のジャンルを楽しめます。心を掴む内容に読者は思わず時を忘れるでしょう！
※Graded Readers（レベル別読みもの）とは、語彙や文法がレベルごとに制限されていて、段階的に難易度が上がっていく多読学習に最適なリーダーのことをいいます。

このシリーズでは、アクション、ロマンス、スリラー、犯罪、ミステリー、ドラマ、ヒューマンインタレストなど、さまざまなジャンルのストーリーを読みながら、読解力を自然に向上できます。

Level	YL*	Headwords （見出し語）	Running Words （総語数）
1	1.2	200	3,000-4,000
2	1.4	300	3,500-4,500
3	1.8	400	4,000-5,000
4	2.0	550	4,500-5,500
5	2.4-2.6	700	5,500-7,000
6	2.6-2.8	900	7,000-9,500
7	2.8-3.0	1,100	8,000-11,000
8	3.2-3.4	1,300	10,000-14,000
9	3.6-3.8	1,600	12,000-16,000
10	4.0-4.2	1,900	14,000-18,000
11	4.4-4.6	2,200	17,000-21,000
12	4.8-5.0	2,600	20,000-24,000

＊YL（＝Yomiyasusa Level）

YL（読みやすさレベル）とは、SSS 英語学習法研究会が生徒を観察している教師の意見、多読をしている大人の意見から総合的に普通の英語学習者にとっての読みやすさを 0.0 から 9.9 までの数値にしたもの。数値が小さい程読みやすくなっています。 なお、見出し語、総語数は目安であり、個別の本によって異なることがあります。

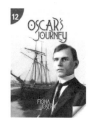

- 総語数約 3,000 語から 20,000 語をカバーした 50 冊
- レベル 4 までは主要人物が統一されているため、本をまたいだストーリー展開も楽しめます
- ストーリーに登場した語彙をまとめた Glossary 付き

付録も充実！

Review：本文の内容をどのくらい理解できているかをはかる問題
Background Reading：本文に関連した内容の短いノンフィクションリーダー

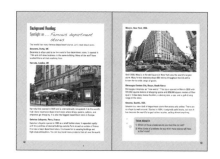

┃ レベル別セット組販売について ┃　発行元：株式会社オープンゲート

英語多読セレクション Page Turners〈Level 1〉発売中
- Come Home
- Roommates
- Soccer Crazy
☆継続的な多読学習をサポートするアクティビティ BOOK 付

※ Level 2 以降も順次刊行予定

多読学習について

🖐 リーディング学習では、「量」と「質」のバランスが大事！

英語の読解力を鍛えるには、「精読」と「多読」の2つの学習方法を並行して行うことが重要です。

> **精読** 単語の意味や文法的な構造を正しく捉えながら、時間をかけて「じっくりと」1つ1つの英文を読み込むこと。
>
> **多読** 初めて目にする英文をたくさん読むこと。

＝

☑ 英語のインプットを増やすこと
☑ 自然な英語に慣れること

▌次の3つのことに注意して、多読学習をはじめましょう！

① 自分にあった英語素材を選ぶ

　多読学習をするにあたってもっとも大事なことは、自分の英語レベルにあった教材を選ぶことです。「初めて目にする英文をたくさん読むこと」といっても、難しい単語や構文が多くて読解が困難なものや、反対に簡単すぎると感じるものでは、あまり学習効果は得られません。

以下の点に当てはまるリーダーを選ぶようにしましょう。
▶ 知らない単語が1ページに1、2語以下の比較的やさしいと感じられるもの。
▶ 辞書を引いて意味を確認しなくても、話の流れを追えるもの。
▶ 読んでいて楽しいと感じられるもの。

② 学習の目標を設定する

　多読学習は継続することが重要です。そのためには、必ず学習目標を立てるようにしましょう。初めて多読に挑戦される方は自分がどのくらいのスピードで1冊終えることができるのか、見当がつかないかもしれません。まずは1冊とにかく読んでみて、英文の長さに対して自分が必要とする学習時間を把握することからはじめましょう。目標は**「長期的な目標」**と**「1日あたりの学習目標」**の2種類立てるようにします。

　長期的な目標は、例えば「1か月に1冊」や「半年で50,000語」などのように設定します。

そして、それを実現するために必要な「1日あたりの読書時間」を考えてみましょう。人間が集中し続けられる時間はそれほど長くありませんので、「20分集中して読み続けたら、10分休んで他のことをする」といった具合に、緩急をつけた学習パターンにすることをおすすめします。あまり「根を詰めすぎない」ことが、学習を長続きさせる秘訣です。

長期的な目標

_____

1日あたりの読書時間

_____

③なるべく辞書を使用しない

　前述したとおり、多読学習では辞書をほとんど引かなくても話を追っていける英文を選ぶことが前提です。その上で、読んでいる途中、知らない単語が出てきた場合は、辞書をなるべく引かないようにしましょう。意味が取れない単語が出てきたら、まずはその意味を**文脈**から「**推測**」してみましょう。わからない場合はそのまま**読み飛ばし**、ストーリーを読み終えます。そのあと、本書の各ストーリーの解説を読んだり、辞書を引いたりして確認しましょう。

英文をスラスラ読めるようになるには…？

　次の例文の訳を2パターン見てください。

例　She has a pen in her hand.
　　① 「彼女は手にペンを持っている 」
　　② 「彼女は持っている／ペンを／手の中に…」

　①のような訳になるのは、in her hand まで読んだ時点で、「この in her hand は『どこに持っているか』を表すから…」のように判断した上で、いったん「前に戻って」訳しているからです。このように「前に戻る」という読み方をしていると、どうしてもスピードが落ちてしまいます。

　英語の語順で「戻らずに」理解するためのトレーニングの1つとして、指で文をなぞりながら読むことをおすすめします。指は、なるべく一定の速度で動かします。最初はゆっくりでいいので、指の動きを目で追いながら、前に戻らずそのまま読み進めてください。先ほどの She has a pen in her hand. も、②の訳のように、前からそのまま理解していくようにしましょう。

She has a pen in her hand.

英文を読むことに慣れてきたら… 「速読」を意識しよう!

　英文を読むことに慣れてきたら、今度は「英文を読むスピード」にも意識を向けてみましょう。読むスピードを客観的に示す指標として WPM というものがあります。WPM とは words per minute（1分あたりの単語数）の略で、「1分間に読める単語数」（あるいは「1分間に話す単語数」）を示す単位です。

　以下の計算式に、単語数とそれを読むのにかかった秒数を入れて計算します。

単語数 ÷ ＿＿＿＿ 秒 × 60 = 「＿＿＿＿ WPM」

　次の文章を、秒単位で時間を測って読んでみてください。

> The moment comes on a Sunday night. Danny's sitting in the ABC Movie House on 24th Street with his girlfriend, Jenny, next to him. The movie's about a boy and a girl in love, just like most of movies they watch. Danny knows how it's going to finish—the same way these movies always finish.
>
> （Page Turners シリーズ Level 1 "Somebody Better" より）

　上記の文章の単語の数は、55 語です。これを 30 秒で読めたとすると、55 語 ÷ 30 秒 × 60 秒 =「110 WPM」、ちょうど 1 分で読めたとすると、55 語 ÷ 60 秒 × 60 秒 =「55 WPM」となります。

　つまり、WPM の数値が高いほど読むスピードが速いということです。ネイティブスピーカーの場合、「普通」に読むスピードは 250 ~ 300 WMP 程度だと言われています。意識的に早く読む場合なら、500 WPM を超えることも珍しくありません。最初のうちは 50WPM 程度でしか読めないかもしれませんが、100 WPM（英検 2 級受験レベルと言われています）を 1 つの目標として、読むスピードの向上に励んでみてください。

速さの目安	
50 WPM 程度	多読初心者
100 WPM	英検 2 級受験レベル
250~300 WPM	ネイティブスピーカーが普通に読むスピード
500 WPM	ネイティブスピーカーが意識的に早く読むスピード

速読のトレーニング方法

・・・

　英文を速く読めるようになるためのトレーニング方法として音声を使うやり方をご紹介します。みなさんも、ぜひ試してみてください。

　みなさんは、日本語を「音読」するときと「黙読」するときでは、どちらのほうが速く読めますか？おそらく「黙読」だと思います。英語のネイティブの場合も同様です。ニュース番組などで英語が「読まれる」速度は、せいぜい 200 WPM 程度ですが、彼らはそれよりもずっと速い速度で英語を読むことができます。そのため、「朗読音声」よりも速く読めるようになることを最終目標に設定することができます。しかし、これはなかなか大変だと思います。まずは、朗読音声と「同じ速さ」で英文を読めるようになることを目指してみましょう。

①音声に合わせて、英文を目で追っていきましょう。

　最初のうちは、音声についていくだけでかなり大変だと思いますが、何度も繰り返しているうちに、必ず遅れずについていけるようになるはずです。

②音声に合わせた速度で読みながら、意味も考えましょう。

　ただ速く読んでも、意味が理解できずに途中で戻ってもう1度読み直しては、「速読」とは言えません。英文の意味をしっかり理解しながら、速読できるようにするためには、p.7 で紹介した「文を指でなぞりながら読む」方法を実践してみましょう。「返り読み」をせずに速く読む練習として有効です。

学習のすすめ方

STEP 1

まずはリーダーを開き、英文を読んでみましょう。わからない単語や文は前後の文脈から推測します。それでもわからない場合は飛ばして読み続けましょう。

STEP 2

このアクティビティBOOKの各ストーリーのNOTES（本文の解説）を読み、わからなかったところを確認しましょう。リーダーの**People in the story**の内容についても確認しておきましょう。

STEP 3

全文の意味を理解した上で、もう1度読みましょう。
また、リーダーの巻末にある**Review**の問題を解き（くわしい解答・解説は本書に収録）、どのくらい内容を理解できているか確かめましょう。

- **Background Reading**を読み、さらに実践的なリーディング練習をしましょう。（本書に語彙表現の和訳を収録）
- **Think About It**の質問に英語で答え、英作文の練習をしましょう。（本書に解答例を収録）
- リーダー内に登場した語彙がまとめられた**Glossary**で復習しましょう。（本書に和訳と例文を収録）

 音声の活用方法

聞き流し学習

テキストを見ずに音声を聴き、意味を考えてみましょう。

音読

テキストを見ながら音声を聴き、発音をまねしながら音読してみましょう。

Story 1
Come Home
帰っておいでよ

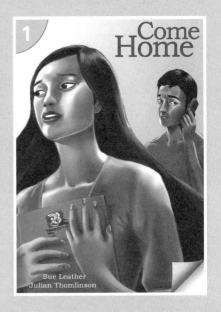

タイ出身のSamornは、アメリカでの学生生活になじむことが
できず、タイに住んでいるボーイフレンド、Lekのもとに帰ろ
うかと悩んでいます。大学の友だちや先生の助けを得て、アメ
リカでの生活になじんでいきますが…。

Samorn Sutapa　サモーン・スタパ
Samornはブレントン大学の学生です。タイ出身の彼女は、この土地の寒い気候が好きではありません。

Lek Metanee　レク・メタニー
LekはSamornのボーイフレンドで、タイで暮らしています。

Ying-Chu Zhang　インチュウ・チャン
Ying-Chuはブレントン大学の学生で、Samornと同じ寮に住んでいます。

Harrison Morgan　ハリソン・モーガン
Harrisonはブレントン大学の学生で、法学専攻です。

Professor Melanie Saunders　メラニー・サンダーズ教授
Saunders教授はブレントン大学のテコンドー部のコーチです。学生の悩みの相談に乗っています。

Mr. Babic　バビック先生
Babic先生はブレントン大学で経済学を教えています。

このストーリーの舞台は、アメリカ北西部の学生街ブレントンです。

- -

ここに気をつけて読んでみよう！
▶ Samornはなぜ故郷のタイに帰りたいと思っていますか？
▶ Ying-ChuはSamornを何に誘いますか？
▶ Samornと恋人のLekの関係は、最終的にどうなってしまうでしょうか？

英語で物語を読むときに注意すること

● 現在形の役割

英語で書かれた物語では、「今まさに起こっている」という臨場感を出すため、全体を通して「現在形」で描写することがよくあります（過去形を使う場合もあります）。一方日本語では物語は過去形で語られることが多いため、英文で「会話文」以外のところで現在形が使われていても、日本語に訳すときは「過去形」で訳す方が自然な場合が多いです。そのため、本書では一部をのぞき、過去形で訳しています。

● 主語と動詞の倒置に注意

「…と～が言った」のように誰かの発言を「引用」する場合、例えば "I'll see you later," he says[said]. ／ He says[said], "I'll see you later."（「じゃあ、またあとでね」と彼は言った）のように、〈主語＋say〉の形を使って発言内容を示します。しかし、この主語が代名詞（I / you / he / she / they）ではなく、人名などの「固有名詞」である場合には、"I'll see you later," says[said] Bob.（「じゃあ、またあとでね」とボブは言った）のように、〈say ＋主語〉という語順になることがあります。

ストーリーを読んでわからなかったところは、以下のポイント解説で確認しましょう。

第 1 章　Come home!　(帰っておいでよ！)

....

Reader p. 4

L.1 "OK, that's it for today," says Mr. Babic. (「じゃあ、今日はここまで」とバビック先生が言いました)
→ That's it. には「そのとおり」「それで終わりだ」などの意味があり、ここでは That's it for today. で「今日（の授業）はここまで（とします）」という「決まり文句」として使われています。

L.5 *This is very difficult*, she thinks. (「これはすごく大変だな」と彼女は思いました)
→ イタリック体の部分が「彼女が思ったこと」の内容になっています。

L.7 She isn't studying in Thai, her language. (彼女は自分の母語であるタイ語で勉強しているわけではありません)
→ Thai は「タイ語」「タイ人（の）」「タイの」という意味ですが、her language「彼女の母語」という表現からもわかるように、ここでは「タイ語」という意味になります。

L.7 It's difficult to understand everything. （すべてを理解するのは大変です）
→ It's difficult to + 動詞「〜することが難しい」。

L.12 She thinks about Thailand where she lives. （彼女は自分の家があるタイのことを考えました）
→ where she lives「彼女が住んでいる」は Thailand を修飾しており、全体としては「彼女は、彼女が住んでいる［彼女の家がある］タイのことを考えました」となります。

L.21 It's September and the trees are orange and brown.
（9 月になり、木々はオレンジ色や茶色に紅葉していました）
→ orange や brown は、木の葉が「紅葉している」様子を表しています。

L.22 in twos and threes （2 人あるいは 3 人で）
→「友だち同士で連れ合って歩いている」様子を表しています。

Reader p. 6

L.1 Samorn hears someone speaking ... （サモーンは誰かが話しているのを耳にしました）
→ hear ＋人＋ ...ing「〜が…しているのを耳にする」

L.2 *Harrison, his name is,* she thinks.
（「ハリソンよね、彼の名前は」と彼女は思いました）
→ His name is Harrison. の Harrison が倒置されて文頭に置かれています。「たしかハリソンよね、彼の名前は」のような意味を表しています。

L.8 good-looking （ハンサムな）
→「見た目がよい」ということから、「きれいな」「ハンサムな」「容姿端麗な」という意味になります。

L.14 She looks at her room and thinks, *Is this really my home for the next four years?* （彼女は自分の部屋を見て「こんなところで、これから 4 年間、本当に暮らしていくの？」と思いました）
→ Samorn の「うんざりした気持ち」あるいは「悲しみ」が表されています。

L.16 get a phone call from ... （「〜からの電話を受ける」）
→ phone を省略して get a call from 〜と言うこともできます。

L20 "How's everything?" （「調子はどう？」）
→ フレンドリーなあいさつです。How are you doing? や How are things with you? なども、似たような意味の表現です。

L.2 She tries to make her voice happy.
（彼女は自分の声を楽しそうなものにしようとしました）
➡ make A B「A を B にする」。「明るく聞こえるように話した」ということを表しています。

L.12 "Samorn, are you there? Samorn!"（「サモーン、もしもし？ サモーン！」）
➡ Are you there? は「あなたはそこにいますか？」ということですが、電話では「もしもし？ 聞こえますか？」という意味で使われます。

L.20 "Not now."（「今はやめて」）
➡ I don't want to talk about this now. を短くしたものです。

L.21 "Everybody here understands . . . ," he goes on.（「ここにいる人たちはみんな、君の ことを理解しているのに…」と彼は続けました）
➡「タイならば、みんなが君のことを理解してくれるのに…」という気持ちを説明しています。go on は「さらに続けて話す」という意味です。

第 2 章 Professor Saunders （サンダーズ教授）

L.4 *Why not go home?* she thinks.（「故郷に帰ればいいのに」と彼女は思いました）
➡ Why not go home? は「なぜ故郷に帰らないの？」ということですが、ここでは「故郷に帰ればいいのに」という「自問自答」になっています。

L.6 lawyer（弁護士）
➡ 1 つ下の行にある law は「法学」「法律」という意味です。

L.12 On the door it says "Professor Melanie Saunders."
（ドアには「メラニー・サンダーズ教授」と書いてありました）
➡ say は、ここでは「…と書いてある」という意味を表しています。

L.14 Professor Saunders looks after the students and their studies.
（サンダーズ教授は学生や学生の勉強の面倒を見ています）
➡ look after 〜「〜の面倒を見る」

L.20 She sees a big woman in a red tracksuit.
（赤いトレーニングウェアを着た大柄の女性がいました）

→ In は「…を着ている」という意味を表すことができます。She is dressed in black. なら、「彼女は黒い服を着ている」という意味になります。

Reader p. 11

L.2 taekwondo（テコンドー）
→「テコンドー」は韓国発祥の格闘技。[タイクォンドウ] のように発音されます。

L.15 for a minute（「少しの間」）
→ minute は「分」ですが、「1分間」ではなく「少しの間」という意味になっています。

L.18 "You have 'A' grades in Thailand."（「タイでは素晴らしい成績でしたね」）
→ A は「優」に相当する成績を表す言葉です。

L.23 "Are you sure about this?" asks Saunders.
（「それは確かですか？」とサンダーズ先生はたずねました）
→ be sure about ～は「～について確信している」という意味です。this は「故郷に帰りたいと思っていること」を指し、「故郷に帰りたいっていうのは、確かなの？」と確認しています。

Reader p. 12

L.3 "Really, I do."（「本当によくわかります」）
→ I do. は直前の I understand. を受けています。「あなたの気持ちは、本当によくわかっていますよ」と伝えています。

L.16 "They are very happy about me being here."
（「私がここにいることを、彼らはとても喜んでいます」）
→ about me being here は「私がここにいることを」という意味です。

L.18 "Yes?"（「それで？」）
→ 語尾を上げて Yes? のように言うと、「それで？」「つまり？」といった具合に、相手の発言を促すためのひとことになります。

Reader p. 14

L.7 "I don't know . . ." Samorn starts.（「わかりません…」とサモーンは話し始めました）
→ start は「（しばらく間をおいたあとで）話を切り出す」と言ったニュアンスです。

L.11 "OK. Then next week you can go home."
（「いいでしょう。そしたら、来週故郷に帰っていいですよ」）

→ then「そしたら」は、ここでは「気持ちが変わらなかったら」ということを表しています。

第3章　A good time　（楽しいひととき）

Reader p. 15

L.1 Samorn goes out of Professor Saunders' office and out of the building.
（サモーンはサンダーズ教授のオフィスを出て、建物の外に出ました）
→ goes out of Professor Saunders' office と goes out of the building が、まとめた形で示されています。「サンダーズ教授のオフィスを出て、（それから）建物の外に出た」ということです。

L.4 She sends a text message from her phone to Lek.
（彼女は自分の携帯から、レクにショートメッセージを送りました）
→ a text message「携帯などのショートメッセージ」

L.11 She's running, but stops to speak to Samorn.
（彼女は走っていましたが、立ち止まってサモーンに声をかけました）
→ stop to do は「…するために立ち止まる」（立ち止まって…する）という意味を表します。She stopped speaking.（彼女は話すのをやめた）のように、stop ...ing は「…するのをやめる」という意味です。

Reader p. 17

L.1 "We're in the same dorm too—Evelyn Royce," says Ying-Chu.
（「私たちは同じ寮、つまりイブリン・ロイスに住んでいるのよね」とインチュウは言いました）
→ Evelyn Royce は「Samorn と Ying-Chu が住んでいる寮の名前」です。

L.6 "Do you want to come?"（「あなたも来ませんか？」）
→「あなたは行きたいですか？」というよりも、「あなたも来ない？」というニュアンスです。このように、Do you want to do? は、相手を誘う場合によく使われる表現です。

L.13 "How about 7:30?"（「7 時 30 分ではどうですか？」）
→ How about ～？「～ではどうですか？」（提案）

L.20 She puts on a beautiful dress and brushes her long black hair.
（「彼女はきれいなドレスを身に着けて、長い黒髪をブラシで整えました」）
→ put on ～「～を身につける」/ brush「～をブラシで整える」

L.1 "You look different!" (「まるで別人のようね！」)

➡ 「いつもとは違って見える！」「まるで別人ね！」ということですね。

L.11 They talk and laugh as they walk. (ふたりは歩きながら、話したり笑ったりしました)

➡ as にはいろいろな意味がありますが、ここでは「…しながら」という意味を表しています。

L.17 *I must try to have a good time*, Samorn thinks. *After all, I'm going home next week.* (「がんばって楽しまなきゃ」「どっちみち、来週には故郷に帰るんだし」とサモーンは思いました)

➡ I must try to have a good time. と After all, I'm going home next week. は、どちらも Samorn が「考えたこと」です。

L.2 She pulls her to the dance floor.
(彼女はサモーンをダンスフロアに連れていきました)

➡ この pull ... to 〜は「…(の手)を引っ張って、〜に連れて行く」という意味を表しています。

L.3 The music is loud and it makes everyone dance.
(大きな音で音楽がかかっていて、みんなを踊りたい気持ちにさせていました)

➡ この it は「音楽」(the music) を指しています。... it makes everyone dance. は「その音楽はみんなを踊らせていた」→「みんなが踊りたくなるような音楽だった」という意味です。

L.5 They dance and dance and dance. (彼らは踊りに踊りました)

➡ dance という動詞を繰り返すことで、「踊りまくった」という意味を表しています。

L.8 Samorn and the girls dance late into the night.
(サモーンと女の子たちは、夜遅くまで踊りました)

➡ late into the night「夜遅くまで」「夜ふけまで」

第4章　A good time　(楽しいひととき)

L.1 In Thursday's class, Mr. Babic tells the students that they must make a presentation on the American economy.
(木曜日の授業で、バビック先生は学生に、アメリカ経済についてのプレゼンテーションをす

るように言いました）

→ 「～についてのプレゼンテーション」は、このように a presentation on ～という形にします。また、プレゼンテーションを「する」は make や give を使って表せます。

L.3 "You have today to read about it and work on the presentation."

（「今日中にアメリカ経済について本で調べて、プレゼンテーションに取りかかりなさい」）

→ You have today to ～は、「今日中に～してください」という意味を表しています。You have 48 hours to decide. なら、「48時間以内に決めてください」という意味になります。

L.6 Mr. Babic puts the students into twos.

（バビック先生は学生を2人ずつの組に分けました）

→ put ～ into twos は「～を2人ずつの組に分ける」という意味です。twos の代わりに pairs を使うこともできます。

Reader p. 22

L.3 She tells Harrison she's worried.

（彼女はハリソンに、自分が不安であると言いました）

→ tells と Harrison の間に that が省略されています（She tells Harrison that she's worried.）。

L.15 "Great!" the students say and clap their hands.

（「すばらしい！」と学生たちは言って、拍手しました）

→ clap *one's* hands「手をたたく」

L.16 "Good work, Samorn. Good work, Harrison."

（「よくやったね、サモーン。よくやったね、ハリソン」）

→ Good work. は「いい仕事だ！」→「よくやった！」という意味のほめ言葉です。Well done! も、ほぼ同じ意味の表現です。

L.19 "Listen, anytime you need help with English, just ask. Anytime, just ask."

（「いいね、英語のことで助けが必要なときは、いつでも言うんだよ。いつでもいいからね」）

→ anytime「（…なときは）いつでも」

Reader p. 24

L.6 *Maybe it isn't bad here,* she thinks.

（「ここでの暮らしもそんなに悪くないのかもしれない」と彼女は思いました）

→ Maybe it isn't bad here. は「ここでの生活もそんなに悪くないかもしれない」のような気持ちを表しています。

L.7 She gets up and phones Lek. （彼女は起き上がり、レクに電話しました）
➡ phone には「電話」という名詞の用法以外にも、この文のように動詞として「…に電話する」という意味でも使われます。

L.9 "Do you have everything ready?" （「準備はすべて整っているの？」）
➡ have ～ ready は「～の準備を整える」ということで、ここでは「（帰るための）準備はすべて整っているの？」という内容になっています。

L.24 "You're not coming back, are you?" he asks.
（「帰ってこないんだね？」と彼はたずねました）
➡ You're not coming back, are you? は、「帰ってこないんだね？」という意味を表しています。「来ない」と思っていることを前提にした付加疑問文です。

Reader p. 25

L.4 "I love you," he says, and then he's not there.
（「愛しているよ」と彼は言い、電話を切ってしまいました）
➡ he's not there. は「彼はそこにいない」ということですが、「電話口にいない」、つまり「『愛している』とだけ言って、電話を切ってしまった」ということを表しています。

L.11 Later she tries to phone Lek again, but she can't get him on the phone.
（その後彼女は再びレクと電話で話そうとしましたが、電話に出てもらえませんでした）
➡ get ～ on the phone は「～を on the phone という状態にする」、つまり「～に電話に出てもらう」ということです。

L.15 *Who can it be?* thinks Samorn. （「一体誰かしら」とサモーンは思いました）
➡「まだ誰だかわからない」ので、Who can he(she) be? ではなく、it が使われています。同様に、ノックの音がして「誰ですか？」と聞くときも、Who is it? と尋ねます。

L.18 He puts his arms around her and they kiss.
（彼は彼女を抱きしめて、ふたりはキスをしました）
➡ put *one's* arms around ～は「腕を～に回す」ということですが、ここでは「抱きしめる」という動作を表しています。

第 5 章　A good time （楽しいひととき）

Reader p. 27

L.5 You can study there and we can marry.
（君はそこで勉強して、僕らは結婚すればいいじゃないか）

→ この You can ... は「あなたは…できる」というよりも、「…すればいいじゃないか」という提案だと考えましょう。

L.13 She's going for her morning run.
(彼女は朝のランニングに出かけるところでした)
→ go for ～は「～をしに行く」という意味で、go for a walk なら「散歩に行く」という意味になります。

L.15 "I can come back later." (「またあとで戻ってくるから」)
→ I can ～を使うことで、「またあとで来ればいいから」「あとにしようか？」のような「気遣い」のニュアンスを込めることができます。

Reader p. 28

L.1 "It's about tomorrow." (「明日のことなんだけど」)
→ about は「…について」という意味で、「明日についてなんだけど」→「明日の件なんだけど（明日の件で話があるんだけど）」という意味になります。

L.13 "It isn't like that!" (「そういうことじゃないの！」)
→「そんなんじゃない！」「そういうことじゃない！」のようなニュアンスです。

L.14 "I understand now." (「それでわかったよ」)
→ この now は「今」というよりも「それで」というニュアンスで、「これで理解できたぞ」、つまり「ナイトクラブで他の男性に会っているから、帰国を先延ばしにしているんだな」ということを表しています。

Reader p. 29

L.1 Samorn goes back to her room to see Lek.
(サモーンはレクに会うために、自分の部屋に戻りました)
→ to see Lek は「Lek に会うために」という意味の「目的」の用法だと解釈できます。

L.5 "But it can't work." (「でも、うまくいかないよ」)
→ この can't は「～できない」というよりも、「そのような可能性はない」、つまり「～するはずはない」という意味だと考えましょう。つまり、Lek は Samorn に「うまくいく（work）はずがないよ」と言っているのです。

L.7 "But I know that if you don't come home, we are finished."
(「でも、君が帰ってこなければ、僕たちは終わってしまうよ」)
→ we are finished は「私たちは終わってしまう」、つまり「2 人の（恋愛）関係が終わる」という意味を表しています。

L.18 "I don't want to watch as you go from me little by little . . . ," he says.
（「君が僕から少しずつ離れていくのを見ていたくないんだ…」と彼は言いました）
→ little by little「少しずつ」。

Reader p. 30

L.8 He smiles at her sadly. （彼は悲しそうに彼女にほほえみかけました）
→ sadly（副詞）「悲しそうに」（⇔ happily）

L.12 "Lek . . . ," she begins. （「レク…」と彼女は話を切り出しました）
→ この begin は「話を始める（切り出す）」という意味です。

L.14 She can't say anything more. （彼女はこれ以上何も言えませんでした）
→ not any more「もうこれ以上…ない」

L.26 She's thinking about tomorrow. （彼女はこれからのことを考えていました）
→ tomorrow は「明日」ですが、ここでは「これからのこと」「将来」というニュアンスです。

A　登場人物の説明を選ぶ問題

1. c
→ P.4 に She thinks about her boyfriend Lek and she wants to cry. という文があります。

2. e
→ P.22 で "You're great, Samorn. Listen, anytime you need help with English, just ask. Anytime, just ask." と発言しています。

3. b
→ P.11 の On the wall, she can see some pictures of Professor Saunders doing taekwondo. The professor is the coach of the college team, too. という部分から判断できます。

4. a
→ P.17 で、"But some of us from the dorm are going out on Wednesday night. Do you want to come?" と言った後に、"We're going to a nightclub. It's called The Wheel. It's very good. They have great music for dancing. It's a lot of fun!" と発言しています。

5. f
→ P.4 の This is only her first week at Brenton College, but she wants to go home. などから答えがわかります。

6. d
→ P.21 に In Thursday's class, Mr. Babic tells the students that they must make a presentation on the American economy. とあることから、「economics の先生」だとわかります。

B　要約完成問題

1. different
→ P.6 に She's different from him, from all of them. とあります。

2. lawyer
→ P.9 に She wants to be a lawyer. と書かれています。

3. future
→ Professor Saunders に相談している場面に（P.11）に、She talks about what she wants to do in the future. とあります。

4. dormitory
→ "We're in the same dorm too—Evelyn Royce," says Ying-Chu. という部分（P.17）か

ら判断できます。dorm は dormitory の略語です。

5. nightclub

→ They walk to Brenton and The Wheel <u>nightclub</u>. (P.18) という記述から、nightclub に行ったことがわかります。

6. presentation

→ P.22 の The next day, Samorn and Harrison go to class. They are giving their presentation. から「Harrison と一緒に presentation を行った」ことがわかります。また、"Great!" the students say and clap their hands. "Very good," says Mr. Babic. "Good work, Samorn. Good work, Harrison." という部分で、「プレゼンがうまくいった」こともわかります。

7. marry

→ P.25 の "Samorn," says Lek, "Samorn, I want you to <u>marry</u> me." という部分からわかります。

C 内容確認問題

1. c

→ Samorn's family has money too ...(P.6) とあるので a は不適当。また、Ying-Chu に "What do you think of Mr. Babic?" と聞かれた Samorn は "He's nice . . ."(p.15) と答えているので b も不適切。英語に自信がなかったり、友だちができないことに悩んでいる様子が描かれており、「アメリカでの暮らしに慣れていない」ことがわかるので正解は c となります。

2. a

→ "Please try one month, Samorn." (P.12) と最初に発言したあとで、"Just a week. Come and see me next Monday. Then we can talk." (P.14) と提案し直しているので、正解は a です。

3. a

→ 新しいボーイフレンドは出来ていないので c は選べません (Harrison は「友だち」です)。Sarmon が Brenton での生活を楽しむようになったのは、英語でのプレゼンテーションを首尾よくこなしたことがきっかけだったので、正解は a になります。

4. b

→ Lek は Sarmon に "Come home with me, back to Bangkok." (P.27) と発言しています。したがって、正解は b です。

5. c

→ Samorn は Lek に、"I want to stay." とはっきり言っています (P.29)。その理由は、P.27 に ... she thinks, but what about my new life here? What about my studies? とあるように、「アメリカでの生活や勉強がどうなってしまうのか」という不安なのですから、正解は c になります。

Background Reading　背景知識を養うリーディング

Spotlight on . . . Studying Abroad　テーマ「留学」　▶▶ "Come Home" pp.34-35

以下の表現を確認してから読んでみましょう。

Vocabulary

- ▶ study abroad　留学する
- ▶ life-changing　人生を変えるような
- ▶ opportunity　機会
- ▶ scary　怖い
- ▶ tend to *do*　…する傾向がある
- ▶ facility　施設

- ▶ for a period of time　しばらくの間、一時期
- ▶ continent　大陸
- ▶ get to *do*　…する［できる］ようになる
- ▶ view　考え方
- ▶ sports person　運動［スポーツ］好きな人

Spotlight on . . . Homesickness　テーマ「ホームシック」　▶▶ "Come Home" p.36

以下の表現を確認してから読んでみましょう。

Vocabulary

- ▶ homesickness　ホームシック、郷愁
- ▶ disappear　消える
- ▶ check out　…をよく調べる
- ▶ stuffed animal　動物のぬいぐるみ
- ▶ miss　…がないのを寂しく思う
- ▶ deal with ...　…に対処する
- ▶ adult　大人
- ▶ trust　…を信頼する

- ▶ feel homesick　ホームシックにかかる
- ▶ adapt to ...　…に適合する
- ▶ remind ... of 〜　…に〜を思い出させる
- ▶ pillow　まくら
- ▶ go through ...　…を経験する
- ▶ diary　日記
- ▶ have trouble ...ing　…するのに苦労する

Think About It 考えてみよう

1 Have you ever studied overseas, or stayed in another country for a long period of time? How did you feel?

(解答例 **1**)

Last year, I joined the summer study-abroad program that my school was offering. I stayed in Perth, Australia for two weeks. I was really nervous at first, but as the saying goes, "Home is where you make it." I really enjoyed my life there, and I am hoping to visit Australia again in the near future.

(昨年、学校で提供している夏期留学プログラムに参加しました。オーストラリアのパースに 2 週間滞在しました。最初はとても不安でしたが、「住めば都」ということわざのとおりでした。そこでの生活を私はすごく楽しめましたし、近い将来、またオーストラリアを訪れたいと思っています)

(解答例 **2**)

When I was a child, I spent three years in San Francisco because of my father's job. I had hard time learning English, but I was able to communicate with others using gestures.

(子供のころ、父親の仕事の都合でサンフランシスコで 3 年間過ごしました。英語を覚えるのに苦労しましたが、身振り手振りを使って、コミュニケーションを取ることができました)

2 Imagine you are going to live in another country. What are some things you should find out before you go?

〔解答例 **1**〕

The cost of living may be different, so I would try to find that out first. If it's really high, I should start saving some money right now.

(生活費が違う可能性があるので、まずはそれについて調べるでしょう。もし、今住んでいる国よりもずっと高かったら、今すぐ貯金を始めないといけませんね)

〔解答例 **2**〕

I would find out what languages are spoken in that country, and then spend a few months studying them. That way, I would be able to communicate with the local people when I move there. Besides, studying other languages is a lot of fun for me.

(その国でどんな言語が話されているのを調べ、数か月はそれらの言語の勉強をします。そうすることで、引っ越したときに、そこに住んでいる人たちとコミュニケーションを取ることができます。それに、他の言語を学習することは、私にとってすごく楽しいのです)

▶ airport（名詞）　空港

例 We went to the <u>airport</u> to see her off.（彼女を見送りに空港まで行きました）

▶ coach（名詞）　コーチ、指導者

例 Our <u>coach</u> told us to give it our best.（コーチは私たちに全力を尽くすように言いました）

▶ cry（動詞）　（うれしさや悲しさのために）涙を流す

例 The baby <u>cried</u> all night.（その赤ちゃんは一晩中泣きました）

▶ economics（名詞）　経済学

例 His major is <u>economics</u>.（彼は経済学専攻です）

▶ dance（動詞）　踊る

例 Who's that girl <u>dancing</u> on the stage?（ステージで踊っている、あの女の子は誰ですか？）

▶ dorm（名詞）　学生寮（= dormitory）

例 She has just moved into the university <u>dorm</u>.（彼女は大学の学生寮に引っ越したばかりです）

▶ funny（形容詞）　面白い

例 This comic book is pretty <u>funny</u>.（このマンガはかなりおもしろいです）

▶ future（名詞）　未来

例 I want to be a police officer in the <u>future</u>.（将来は警察官になりたいと思っています）

▶ hurt（動詞）　痛む

例 My left eye <u>hurts</u> badly.（左目がすごく痛いんです）

▶ kiss（名詞・動詞）　キス（する）

例 He <u>kissed</u> me on the cheek.（彼は私の頬にキスしました）

▶ lawyer（名詞）　弁護士

例 He is my <u>lawyer</u>.（彼は私を担当してくれる弁護士です）

▶ loud（形容詞）　騒がしい

例 This room is too <u>loud</u>.（この部屋はうるさすぎます）

▶ marry（動詞）　…と結婚する

例 Will you <u>marry</u> me?（私と結婚してくれませんか？）

▶ nightclub（名詞）　ナイトクラブ

例 Why don't we go to a <u>nightclub</u> tonight?（今夜、ナイトクラブに行きませんか？）

▶ presentation（名詞）　プレゼンテーション

例 I need to make a <u>presentation</u> next week.（来週、プレゼンテーションをしなければなりません）

▶ ready（形容詞）　準備ができている

例 Are you <u>ready</u> to leave now?（出かける準備はできていますか？）

▶ stay（動詞）　留まる

例 You can <u>stay</u> as long as you like.（どうぞゆっくりしていってください）

▶ team（名詞）　チーム

例 Our <u>team</u> lost in the final.（私たちのチームは決勝戦で敗れました）

▶ tracksuit（名詞）　（長袖・長ズボンの）トレーニングウェア

例 That's a nice <u>tracksuit</u> you're wearing.（そのトレーニングウェア、かっこいいですね）

▶ university（名詞）　大学

例 We go to the same <u>university</u> in Tokyo.（私たちは都内にある同じ大学に通っています）

▶ voice（名詞）　声

例 A little <u>voice</u> in my head said, "Don't do that!"（「そんなことをするな！」と、頭の中で小さなささやき声が聞こえました）

"Come Home" 本文のイラストを見ながら、以下の問題に答えてください。

❶ Which of the following best describes the picture on page 5?

A. The boy is saying hello to the girl.

B. No one is wearing a cap.

C. It's raining heavily.

❷ Which of the following best describes the picture on page 8?

A. They are having dinner together.

B. The boy is dining alone in a restaurant.

C. The girl is wearing a smile on her face.

❸ Which of the following best describes the picture on page 10?

A. Both of them are seated.

B. The woman in a tracksuit is writing an e-mail.

C. They are staring at each other.

❹ Which of the following best describes the picture on page 16?

A. They are working out at a gym.

B. The girl with long hair carries a bag on her shoulder.

C. They are quarreling about something.

❺ Which of the following best describes the picture on page 31?

A. The girl is keeping her eyes closed.

B. The girl is holding a cup.

C. The girl is making a phone call.

解答 ➡ p.32

❶ 正解：A

■ 訳 ■

5ページのイラストを最も適切に描写しているのは、次のどれですか？

A. 男性が女性にあいさつをしています。

B. 誰も帽子をかぶっていません。

C. 雨が激しく降っています。

❷ 正解：B

■ 訳 ■

8ページのイラストを最も適切に描写しているのは、次のどれですか？

A. 彼らは一緒に食事をしています。

B. 男性はレストランで一人で食事をしています。

C. 女性は顔に笑みを浮かべています。

❸ 正解：C

■ 訳 ■

10ページのイラストを最も適切に描写しているのは、次のどれですか？

A. 彼女たちは二人とも座っています。

B. トレーニングウェアを着ている女性はEメールを書いています。

C. 彼女たちはお互いを見つめ合っています。

❹ 正解：B

■ 訳 ■

16ページのイラストを最も適切に描写しているのは、次のどれですか？

A. 彼女たちはジムで運動しています。

B. 髪の長い女性は肩にカバンをかけています。

C. 彼女たちは何かについて口論しています。

❺ 正解：B

■ 訳 ■

31ページのイラストを最も適切に描写しているのは、次のどれですか？

A. 女性は目を閉じています。

B. 女性はカップを持っています。

C. 女性は電話をかけています。

Story 2
Roommate

ルームメイト

ボビーは、親元を離れて、はじめての寮生活を過ごそうとしています。ボビーのお母さんは、ボビーのことをとても心配しているようです。ボビーはどんなルームメイトと、どんなキャンパスライフを過ごすことになるのでしょうか。

People in the story 登場人物

Bobby Harris　ボビー・ハリス
ボビーはブレントンでビジネスを専攻している学生です。彼は初めて大学に通います。

Ash Browning　アッシュ・ブラウニング
アッシュはブレントン大学での、ボビーのルームメイトです。彼もビジネス専攻です。

Gloria Harris　グロリア・ハリス
グロリアはボビーの母親です。

Marvin Harris　マービン・ハリス
マービンはボビーの父親です。

Jenny Basola　ジェニー・バソラ
ジェニーは人類学専攻の学生で、アッシュとボビーの友だちです。

Gayle King　ゲイル・キング
ゲイルは大学のカフェテリアのマネージャーで、ボビーの上司です。

このストーリーの舞台は、アメリカ北西部の学生街ブレントンです。

- -

ここに気をつけて読んでみよう！

▶ 最初、Bobby は Ash のことをどう思っていましたか？

▶ Bobby はなぜケガをしましたか？

▶ 物語の終わりでは、Bobby は Ash のことをどう思っていましたか？

第1章　A big day （とても大事な日）

L.1 "Mom, please let me go," Bobby says. （「母さん、もう行かないと」とボビーは言いました）

→ 「let ＋人＋動詞の原形」で、「～に…させる」という意味。Please let me go. は「私を行かせてください」ということで、「もう行かないといけないから、引きとめるのはやめて」のようなニュアンスです。

L.3 His mother looks worried. （彼のお母さんは心配そうです）

→ この look は「～に見える」という意味で、seem や appear と同様に、SVC の形をとります。

L.5 "Just be sure to drive slowly, Bobby," Gloria Harris says to her son. （「スピードを出しすぎないようにするのよ、ボビー」とグロリア・ハリスは自分の息子に言いました）

→ be sure to do は「必ず～する」「忘れないように～する」という意味で、通常、命令文の形で用いられます。

L.12 But Bobby's worried, too, and his eyes are big behind his round glasses. （しかし、ボビーも不安でした。丸い眼鏡の後ろにある目を、大きく見開いていました）

→ 「不安で心が動揺していたので、目を大きく見開いていた」ということです。

L.19 He'll live away from home, too, in the dorm—in a room with another student at the college. （彼は、家から離れて暮らすことになっていました。大学の寮の部屋で、別の学生と一緒に暮らすのです）

→ live away from ～は「～から離れて暮らす」。「～と一緒に暮らす」は live with ～です。

L.21 Most of all, Bobby's worried about his roommate. （特に、ボビーはルームメイトのことを心配していました）

→ most of all は、ここでは「たくさんある心配事の中でも、特に」という意味を表しています。

L.1 For the third or fourth time that Sunday morning, ... （その日曜日の朝、もう3度目あるいは4度目になりますが…）

→ the third or fourth time は「3 あるいは 4 度目」。何度も同じことを繰り返し言っていることを表しています。

L.2 Remember to work hard at Brenton, Bobby. (ブレントン大学では、一生懸命頑張り なさいね、ボビー)

→ remember to *do* で「忘れずに〜する」という意味。通常は、命令文の形で用いられます。

L.3 Remember that this is a big thing, going to college. (このこと、つまり大学に通うっ ていうことは、すごく重要なことだということを忘れないでね)

→ a big thing は「大切なこと」「重要なこと」。this は、文末にある going to college を指 しています。

L.6 "Now, Gloria," says Bobby's dad, Marvin, smiling, "Bobby always works hard —you know that." (「さあ、グロリア」とボビーの父親のマービンは笑いながら言いました。 「ボビーはいつだって一生懸命だよ。それは君もわかってるだろ」)

→ smiling は、ボビーの父親が「どのように言ったのか」を示すために用いられている現在 分詞です。また、Bobby always works hard—you know that. の that は、ダッシュ（—） の前の文（Bobby always works hard）の内容を指しています。

L.19 Thirty minutes later, Bobby drives away from his parents' house. (それから30 分後、ボビーは実家から車で去っていきました)

→ away from 〜は「〜を離れて」という意味なので、drive away from 〜は「〜から車で 走り去る」という意味になります。

L.22 Bobby wants to cry too, but he tries not to. (ボビーも泣きたかったのですが、泣か ないように頑張りました)

→ この tries not to は tries not to cry を省略したものです。

Reader p. 7

L.6 *Brenton College, here I come!* (ブレントン大学、待ってろよ！)
→ Brenton College は「もの」ですが、ここでは「呼びかける対象」になっています。 Here I come! は「これから行くぞ！」のようなニュアンスの表現です。

L.7 He turns on the car radio and listens to some soft rock music. (彼は車のラジオを つけて、軽めのロック音楽を聞きました)
→ turn on 〜 は「〜のスイッチを入れる」という意味です。soft rock「ソフトロック」とは、 音楽のジャンルの1つで「メロディやコーラスを重視した、ポップス的なロック」を指し ます。

L.12 Powell has just 8,000 people. (パウエルには8000人ほどしか住んでいません)
→ このように、「都市名」を主語にして、have を動詞として用いることで、「〜には…がい る［ある］」という意味を表すことができます。

L.19 It's a black motorcycle, and the rider is wearing a red jacket and has a red-and-white helmet on his head. (それは黒いオートバイで、運転手は赤いジャケットと、紅白柄のヘルメットを頭にかぶっていました)

➡ a red-and-white helmet は「白と赤の色が両方使われているヘルメット」という意味です。ちなみに、a black-and-white dog なら、「白黒ぶち模様の犬」のことを指します。

L.22 Bobby looks at the rider: he's a young man, about Bobby's age. (ボビーは運転手のことを見ました。その人は若い男性で、ボビーと同じぐらいの年でした)

➡ この about は「だいたい」「およそ」という意味で、around とほぼ同じ意味です。

L.26 "Hey!" he calls angrily to the man on the motorcycle. (「おい！」と、彼はオートバイに乗っている男性に対して呼びかけました)

➡ call と call to は意味が異なるので注意しましょう。call は「〜に電話をする」「…を〜と呼ぶ」という意味。これに対して、call to 〜は「〜に呼びかける」という意味です。

Reader p. 9

L.1 *What a crazy man!* (なんておかしなやつなんだ！)

➡ この文は「感嘆文」と言われるもので、驚きや怒り、悲しみなどの高ぶった感情を表すために使われます。What a crazy man he is! の省略です。

L.1 But he feels bad now and he drives slowly all the way to Brenton College. (しかし、彼は気分を害したので、ブレントン大学まで、ずっと車をゆっくり走らせました)

➡ all the way to 〜は「〜までずっと」。all the way from 〜なら「〜からずっと」。これらを組み合わせて、例えば Thank you for coming all the way from Tokyo to Sapporo. (東京からはるばる札幌までお越しくださりありがとうございます) のように言うこともできます。

L.9 "Any problems, you come and see me, OK?" (もし問題があったら、私に会いに来るように。いいね？)

➡ If you have any problems, ... あるいは If there are any problems, ... を簡略化した形です。

第2章　Ash （アッシュ）

Reader p. 11

L.2 Bobby's roommate smiles a big, open smile. (ボビーのルームメイトは、屈託のない大きな笑顔を見せました)

➡ smile a smile で「笑う」という意味になります。似たような表現に、laugh a bitter laugh「苦笑いをする」や cry a good cry「大泣きする」などがあります。これらの表現は動詞と

名詞が「同じ」なので、「同族目的語」表現と呼ばれます。

L.3 He turns the music down and walks to Bobby, putting out his hand. （彼は音楽
のボリュームを下げて、ボビーのところにやって来ると、手を差し出しました）

→ put out *one's* hand は「握手するために手を差し出す」という意味です。hands ではな
く単数形の hand なので、「片手を差し出した」ことがわかります。

L.10 Ash smiles. "It's just like home, isn't it?" he says. "We're going to have a great
time, you and me!" （アッシュはほほえみました。「まるで自分の家にいるみたいだろ？」
と彼は言いました。「二人で楽しもうよ！」）

→ We're going to have a great time, you and me! は「さあ、いっしょに楽しもう、君と僕で」
のようなニュアンスです。have a great time で「楽しく過ごす」という意味を表します。

L.12 Ash is nice, and it's hard for Bobby not to smile. （アッシュはいい人だったので、ボ
ビーは思わず笑顔になりました）

→ ... it's hard for Bobby not to smile は「ボビーにとって（for Bobby）、笑わないこと（not
to smile）が難しい（it's hard）」という意味です。「バイクでひどい運転をしていたこと
を知っているので、本当はあまりいい感情を持っていないのに、いい人だったので、ほ
ほえんでしまった」という内容を表しています。

L.15 He puts them on his bed and starts to put his clothes and other things away. （彼
はそれらをベッドの上に置き、服などを片付け始めました）

→ put 〜 away は「〜を片付ける」という意味です。

L.18 In his hand is one of Bobby's shirts, a brown one. （彼の手には、ボビーのシャツの
1枚である、茶色いシャツがありました）

→ 通常、「場所」を表すフレーズは文の最後に置かれますが、この文では本来の主語が後ろ
に置かれていることに注意してください。本来の主語は one of Bobby's shirts であり、
すぐ後ろの a brown one は one of Bobby's shirts と同じものを指す「同格」の表現です。

Reader p. 12

L.4 ... "you have some really uncool things here." （ここには、いくつかかなりダサいも
のがあるぞ）

→ uncool は「カッコ悪い」「ダサい」という意味で、cool の反意語です。un- は「打消し」
の接頭辞です。

L.4 "Why don't I help you look cool?" （「君の見た目をかっこよくしてあげようか？」）

→ Why don't I 〜 ? は「〜し（てあげ）ましょうか？」のような意味の決まり文句です。

L.10 The shirt does look good on him. （シャツはたしかに彼に似合っていました）

→ 強調のために does が置かれています。

L.23 "Hey, there's a party this evening over at the girls' dorm." (「ねえ、今夜は女子寮のほうで、パーティがあるんだ」)
→ この over は「向こうの」「あっちの」というニュアンスです。

Reader p. 14

L.8 "You can wear my shirt," says Ash. (「僕のシャツを着ていいよ」とアッシュは言いました)
→ You can ～は、文字通りには「あなたは～できます」ということですが、実際には「～してもいいよ」のような勧誘・提案の表現としてよく使われています。

第3章　A bad day （ひどい一日）

Reader p. 15

L.13 "Late night?" (「夜ふかししたんですか？」)
→ late night は early morning の逆ですから、「夜遅く」、つまり「夜遅くまで起きていたんですか？」「夜ふかししたんですか？」と聞いていることになります。

L.17 "Sorry, sorry," Bobby sits up, and Dr. Lang goes on with the class. (「すみません、すみません」と言って、ボビーは背筋を伸ばしました。ラン博士は、授業をそのまま続けました)
→ sit up は「姿勢正しく座る」。ここでは、注意されたので、「座ったままの状態で、きちんとした姿勢をとった」わけです。go on with the class は「授業を続行する」という意味。

Reader p. 17

L.10 Bobby thinks, *I can't go to parties and get up late. I have to study!* (「パーティに行って、寝坊するなんてだめだ！勉強しなきゃ！」とボビーは考えました)
→ この I can't ～は「～することができない」というよりも、「～なんてことではだめだ」のように、自分に言い聞かせているようなニュアンスです。

L.23 "It's . . . as bad as yesterday." (「昨日となんら変わらない、ひどい状態だね」)
→ 「昨日と同じぐらいひどい」ということですが、「昨日となんにも変わっていない、ひどいありさまだ」という気持ちが込められています。

Reader p. 19

L.1 "Stop worrying, Bobby. It's nothing," says Ash. (「心配するのはやめなよ、ボビー。たいしたことじゃないんだから」とアッシュは言いました)

→ It's nothing. は「なんでもないよ」「たいしたことじゃないよ」といったニュアンスで、相手を安心させたいときなどによく使われます。

L.19 I'm here to work, to study, he thinks, not play around with computers or go to parties. (「僕は働いたり、勉強したりするためにここにきたのであって、パソコンで遊んだり、パーティに行ったりするためじゃないんだ」と彼は思いました)

→ 後半の not play around with computers or go to parties という部分に注目してみましょう。not A or B で「A と B のどちらも～ない」という意味です。ちなみに、not A and B は「A と B を同時には～ない」という意味。例えば、Don't drink and drive. なら「飲むことと、運転することを、同時にはするな」、つまり「飲酒運転はするな」という意味です。Don't drink or drive. なら、「お酒を飲むのも、車の運転も、どちらもしてはいけない」という意味です。

L.23 Bobby goes in the door of the cafeteria and asks one of the workers for the manager, Gayle King. (ボビーはカフェテリアのドアを入り、従業員の一人にマネージャーのゲイル・キングを呼び出してもらいました)

→ ask for ～には、このように「～との面会を求める」という意味があります。

L.7 It's your first day and you're late. (今日は初日だというのに、遅刻しましたね)

→ and は、文脈によって「それなのに」や「しかし」のような「逆接」の意味になることがあります。この文でも、「今日は初日です。そして、あなたは遅刻しました」では意味が通りませんから、「今日は初日なのに、遅刻しましたね」のようにとらえるのが自然です。

L.11 He does everything Gayle asks him to do. (彼は、ゲイルにやるように言われたことはすべてやりました)

→ everything (that) Gayle asks him to do (ゲイルが彼にやるように言った、すべてのこと) が、1つの「かたまり」になっていることに注意しましょう。

第 4 章　A talk (話し合い)

L.1 From his bed, he sees Ash coming into their room. (ベッドの上から、彼はアッシュが部屋に入ってくるのを見ました)

→ 「see ＋人＋～ ing」で「人が～しているのを見る」という意味。see 以外にも hear「耳

にする」や feel「感じる」などの「知覚動詞」が同じパターンをとることができます。

L.12 Ash goes to parties and he's up late every night, and Bobby isn't sleeping well.
（アッシュがパーティに行って、毎晩遅くまで起きているため、ボビーは睡眠不足でした）
→ he's up late の up は「起きている」という意味です。

L.3 "Because that's what's going to happen . . . "（「なぜなら、このままではそうなって
しまいそうだからねえ…」）
→ that's what's going to happen は、「それが、これから起こること（what's going to
happen）」→「そういうことになるだろう」という意味を表します。

L.19 *It can't go on like this!*（「このままではだめだ！」）
→ go on は「続く」ということですから、It can't go on like this! は「これは、こんなふ
うに続いてしまってはならない」→「このままではだめだ」という意味になります。

L.1 "What can I do for you, Bobby Harris?"（「どうしたんだい、ボビー・ハリス？」）
→ What can I do for you? は、ビジネスの電話会話などでは「ご用件を承ります」という
意味でも用いられます。

L.3 "I want to change rooms."（「部屋を変わりたいのです」）
→ 複数形（rooms）になっていることに注意しましょう。「ある部屋から別の部屋に変わる」
ので、「複数の部屋」を目的語にします。change the room だと、「その部屋を変える」、
つまり、「部屋の模様替えをする」のような意味になってしまいます。

L.16 "I do talk to him, but it doesn't do any good."（「ちゃんと話していますが、ぜんぜ
ん効き目がないんです」）
→ I do talk to him. の do は「強調」のために用いられています。また、do good は「効き
目がある」「効果がある」という意味なので、it doesn't do any good は「まったく効果
がない」ということになります。

L.17 "I'm sorry to hear that. I can write down what you say, but it's not good for
Ash. It looks bad, and there may be trouble for him. I don't think you want
that, do you?"（「それはかわいそうに。君の申し出を書き留めておくこともできるが、それ
はアッシュにとってはよくないことなんだ。印象が悪くなるため、彼が困ったことになるかも
しれない。それは、君の望むところではないと思うがね」）
→「苦情として記録を残すと、ルームメイトのアッシュが今後困ることになるけれども、そ
れでいいのかね？」と聞いているわけです。

L.2 "The thing is, Ash, I can't sleep at night," Bobby says. (「問題なのは、僕が夜眠れないということなんだ」とボビーは言いました)

➡ The thing is, ... は、The problem is, ... とほぼ同じで、「問題なのは…なんです」という意味の表現です。

L.5 "I can't fail, Ash," says Bobby, his face serious. (「落第するわけにはいかないんだ、アッシュ」とボビーは言いました。その顔は真剣でした)

➡ his face serious は his face being serious を省略したもの。「彼の表情が真剣な状態で」という意味を表しています。

第5章 An accident （事故）

L.3 Bobby opens his eyes and sees hot oil all over the kitchen floor. (ボビーが目を開けると、熱い油がキッチンの床中にこぼれていました)

➡ all over ～は「～中（じゅう）に」という意味です。start all over「最初からやり直す」のように、all over には「もう一度」という意味もあります。

L.11 "Sorry's no good, Bobby," she replies. (「ごめんじゃすまないのよ、ボビー」と彼女は答えました)

➡ Sorry's no good. は Sorry is no good. の省略で、「ごめんというだけでは意味がない」→「ごめんではすまない」という意味になります。

L.10 "Hey, Bobby. Where's who?" (「ねえボビー、誰がどこにいるかって？」)

➡ いきなり Where is he? と聞かれたドゥエインには「he が誰を指すのか」がわかりませんでした。そのため、Where's who? という形で、「誰がどこにいるって？」と逆にたずねています。

L.21 *That's too much!* (やりすぎだ！)

➡ 「いろんなことをされたけれども、車を勝手に使うというのは、度が過ぎている（我慢の限界だ）」というボビーの気持ちを表しています。

L.9 Ash looks round. (アッシュはあたりを見回しました)

→ look round は「周りを見る」という意味です。ここでは、「ボビーの声が聞こえたので、思わず周りを見回した」ということを表しています。

L.19 Then Jenny and Ash help Bobby to get up and into his car. (それから、ジェニーとアッシュはボビーを手伝って立ち上がらせると、車に乗せました)

→ get up and into his car は、get up「立ち上がる」と get into the car「車に入る」を組み合わせた形です。

L.3 "Well?" asks Jenny. (「それで?」とジェニーはたずねました)

→ Well? という 1 語だけで、「どうだった?」「それで?」のように、何かの「結果」や「具合」などをたずねる表現として用いることができます。

L.4 Ash looks at his arm in a white plaster cast. (アッシュは、白いギプスで固定された彼の腕を見ました)

→ plaster cast は「ギプス(の包帯)」のことを指します。

L.9 This is too much for Bobby. (ボビーは堪忍袋の緒が切れました)

→ too much は「限度を超えている」という意味です。ここでは、That's too bad.(それはお気の毒に)というアッシュの言葉によって、ボビーが「キレて」しまったことを表しています。

L.10 "Too bad?" he says. "Too bad?! You're the one that's too bad!" (「それはひどい、だって?」と彼は言いました。「ひどい? ひどいのは君じゃないか!」)

→ too bad は「お気の毒に」という意味にもなりますが、後半の You're the one that's too bad! の too bad は「悪すぎる」→「ひどい」ぐらいの意味でとらえておきましょう。

L.1 "Forget about the food, Ash!" Bobby goes on. (「食べ物なんてどうでもいい」とボビーは続けて言いました)

→ forget about ～は「～のことを忘れる」という意味ですが、このように命令文にすると、「～のことなんてどうでもいい」「～は関係ない」といった意味になります。

L.14 "Leave it to me, Bobby, I can help." (「僕に任せてよ、ボビー。僕が手伝うよ」)

→ Leave it to me. は「僕に任せてよ」という意味の決まり文句。Leave it (all) up to me と言うこともできます。

第 6 章　Mom visits　（母、やってくる）

Reader p. 34

L.7 "I can work there until your arm's OK, Gayle says. She says hi, too." （「ゲイルさんは、君の腕が治るまで、あそこで働いていいって言っているよ。君によろしくって言っていたよ」

→ I can work there until your arm's OK という部分が「ゲイルさんが言っていたこと」になります。また、She says hi. の say hi は「よろしく伝える」という意味です。

L.14 Bobby goes back to his books. （ボビーは再び読書を始めました）

→ go back to 〜は「〜に戻る」という意味ですが、go back to one's books で、「本に戻る」→「さっきまで読んでいた本を、再び読み始める」という意味を表します。

Reader p. 35

L.3 "The doctor says my arm needs about two more weeks." （「お医者さんが言うには、腕が治るまで、あと 2 週間かかるんだって」）

→ my arm needs about two more weeks は「私の腕には、あとおよそ 2 週間必要だ」というのが直訳ですが、「腕が治るにはあと 2 週間ほどかかる」という意味を表しています。

Reader p. 37

L.1 "Thank you," says Ash before Bobby can speak. （「ありがとう」とアッシュは、ボビーよりも先に言いました）

→ ボビーのお母さんが You boys are doing well. と言ったのに対して、ボビーもお礼を言おうとしたのですが、アッシュのほうが先に Thank you. と答えた、ということを表しています。

L.8 Bobby looks at Ash, his eyes big behind his glasses. （ボビーはアッシュを見ました。黒い眼鏡の向こうの目を、大きく見開いていました）

→ この物語の冒頭部分で、「不安な気持ち」から、やはり「目を見開いている」ボビーの様子が描かれていましたね。ここでは、「うれしい驚き」のために目を見開いているボビーの姿が描かれています。

L.19 There are a thousand things he wants to say, but he can't remember what they are. （言いたいことは山ほどあったはずなのに、それがなんだったか、彼には思い出せませんでした）

→ a thousand things「1000 個」は、「たくさんある」ということを示すための誇張表現です。最初はアッシュのよくないところを母親に教えようとしていたボビーですが、アッシュのよくないところを思い出せないぐらい、彼のよい面を認識したということを示しています。

A 登場人物の説明を選ぶ問題

1. b

➡ P.4 の Bobby is driving to Brenton College for the first time … などの文から判断できます。

2. d

➡ 第 2 章の冒頭部分（"You!?" Bobby's roommate smiles a big, open smile. "I'm Ash," says the young man.）から、「ボビーのルームメイト」だということがわかります。

3. c

➡ 第 1 章に "Just be sure to drive slowly, Bobby," Gloria Harris says to her son. "There are always a lot of cars on that highway from Powell to Brenton." "Oh, Mom!" says Bobby. （P.4）というやりとりがあり、ここから「ボビーの母親」だということを読み取れます。

4. a

➡ P.19 の Bobby goes in the door of the cafeteria and asks one of the workers for the manager, Gayle King. という記述から判断可能です。

5. e

➡ P.28 の Ash の手紙の文面（Hi Bobby, I'm with Jenny. My motorcycle is broken so I have your car. Hope it's OK! See you later. Ash）などから、「アッシュの友だち」であることがわかります。

B 内容正誤問題

1. T

➡ P.7 に It's the first time for Bobby to live away from home. とあります。

2. F

➡ P.7 に Bobby has to think about his driving on the two-hour drive from his little town, Powell, to the college in Brenton. とあります。この little town という表現から判断できます。

3. F

➡ P.11 の In his hand is one of Bobby's shirts, a brown one. "That's a really bad color …" などからわかります。

4. T

➡ P.4 の Bobby knows that he has to work when he gets there. He has a job in the college cafeteria. や、「仕事があるので夜のパーティに行けないと断っていることから、「夜に働いている」ことがわかります。

5. F

➡ P.17 の "Don't worry, Bobby. There's always tomorrow." という発言がヒントになります。

6. F

➡ P.37 の There are a thousand things he wants to say, but he can't remember what they are. という部分から「Ash についての愚痴を、母親には言わなかった」ことがわかります。

7. T

➡ P.28 にある「手紙」の内容から判断可能です。

8. F

➡ "I think my arm's broken," says Bobby.（P.29）などから、「足」ではなく「腕」を怪我したことがわかります。

9. T

➡ 事故の後の部屋の様子は、There are no pizza boxes or soda cans on the floor. The room is clean, and there are flowers on the table. Ash cleans the room every day now.（P.35）と説明されています。

10. F

➡ P.35 に "Two weeks!" Mrs. Harris says. "I'm coming on Saturday morning to do some things for you. You need help ..." とありますが、これは「母親」であり、「父親」のことは書かれていません。

C 内容確認問題

1. c

➡ P.9 の The second thing he sees is his roommate, smiling at him, wearing a red jacket, and with a red-and-white motorcycle helmet in his hand. という部分が答えになります。この時点で、「オートバイを運転していたのがアッシュだった」ことをボビーは理解します。

2. b

➡ ボビーが眠れないのは、「アッシュが夜にパーティをすること」「アッシュのいびき」という 2 つの理由のためです。「夜遅くまで勉強しているから」とは書かれていないので、b が正解です。

3. a

➡ P.23 の "I'm sorry to hear that. I can write down what you say, but it's not good for Ash. It looks bad, and there may be trouble for him. I don't think you want that, do you?" という Mr. Park の発言に対する "I don't want to do that." というボビーの答えから判断できます。

4. b

➡ 自分の自動車はアッシュに使われてしまったので、ボビーは「自転車」で湖に行きました。

5. c

➡ ボビーがケガをしてしまったので、アッシュはボビーの代わりにカフェテリアの仕事を引き受けていました。

D クロスワードパズル

●横の列

4. learn

➡ P.37 にボビーの母親の "You know, I think you can <u>learn</u> a lot from him, Bobby." という発言があります。

6. video

➡ P.19 の Ash shows him another <u>video</u>. And another. An hour goes by. から答えがわかります。

7. note

➡ アッシュは「車を借りる」という note を残しました（P.26）。

●縦の列

1. helmet

➡ オートバイに乗るときに身につけるのは「ヘルメット」ですね。

2. worried

➡ ボビーのお母さんは、ボビーのことをいつも「心配して」います。

3. brown

➡ P.12 に Everything is brown or gray. と書いてあります。

5. snores

➡ アッシュは寝るときに「いびき」をかきます（P.21）。

8. oil

➡ P.26 に "That hot <u>oil</u> can easily hurt someone very badly." という発言があります。

Spotlight on . . . Getting Along with Your Roommate
テーマ「ルームメイトとうまくつきあう」

▶▶ "Roommates" pp.41-42

以下の表現を確認してから読んでみましょう。

Vocabulary

- ▶ start college　大学生活を始める
- ▶ subject　科目
- ▶ tip　ヒント、コツ
- ▶ contact information　連絡先
- ▶ care about ～　～を気にする
- ▶ Decide who should bring what.　誰が何を持ってくるべきかを決める。
- ▶ plan　～を計画する
- ▶ refrigerator　冷蔵庫
- ▶ move in　入居する
- ▶ come up with ～　～を思いつく
- ▶ respect　～を尊敬する、～に敬意を払う
- ▶ get away with ～　～をしても許される
- ▶ speak up　はっきりと言う
- ▶ positive　前向きな
- ▶ from time to time　時々
- ▶ nervous　イライラして
- ▶ roommate　ルームメイト
- ▶ contact　～に連絡する
- ▶ email　～に E メールを送る
- ▶ show up　現れる、やってくる
- ▶ ahead of time　前もって
- ▶ agree on ～　～について合意する
- ▶ visitor　訪問者
- ▶ disrespectful towards ～　～に対して無礼な
- ▶ get on *one's* nerves　気に障る
- ▶ beforehand　前もって

Background Reading　　背景知識を養うリーディング

▶▶ "Roommates" pp.43-44

以下の表現を確認してから読んでみましょう。

Vocabulary

- ▶ nod　首を縦に振る
- ▶ sorrow　悲しみ

1 What are other things you can do to get along with your roommate?

解答例 **1**

I think trying to do different kinds of activities together can help people get along with their roommates. Doing things like going bowling, having a meal or even just going for a walk can give people a chance to get to know each other better.

（いろいろな活動を一緒にやってみると、ルームメイトとうまく付き合えるようになると思います。ボウリングに行ったり、食事をしたり、あるいはただ散歩に行くだけでも、もっとお互いをよく知るチャンスが得られます）

解答例 **2**

Having common hobbies and interests can help build a strong relationship. You could try talking with each other about what you like to do and find something that you both like. Then try doing that together.

（共通の趣味や興味を持つことで、お互いの関係を強めることができるでしょう。自分の趣味について話し合って、ふたりが共通して好きであるものを見つけるといいでしょう。それから、そのことを一緒にやってみましょう）

2 Have you ever lived in a dorm with a roommate? What was it like?

解答例 **1**

When I was in high school, I shared a room with one of my classmates in a dorm. Sometimes we had fun playing together in our room, but sometime we got into fights. We didn't have any privacy, but I think that also helped me get used to being around other people more.

（高校生の時に、クラスメイトと寮の部屋をシェアしていました。部屋で一緒に遊んだりして楽しみましたが、ケンカになることもありました。プライバシーはありませんでしたが、他人と一緒に過ごすことに慣れることができました）

解答例 **2**

I have a roommate now in college. We don't really get along well. She is a quiet person, and I'm pretty out-going. I like to have friend over to my room and she seems to prefer to be alone. I guess our personalities are just too different.

（今、キャンパスでルームメイトと暮らしています。あまり仲良く過ごせてはいません。彼女はおとなしい人ですが、私はかなり活発です。私は友だちを部屋に呼ぶのが好きですが、彼女はひとりでいるのを好むようです。互いの性格があまりに異なっているように思います）

Think About It　考えてみよう

1 Which of the quotes do you like best? Why?

解答例 **1**

I like the quote by Pluto. Many people will say anything to avoid conflict or making people feel bad. But in my opinion, real friends are people you trust to tell you the truth, even if it might make you feel bad. Also, it may be easier to hear hard truths from people you consider to be friends.

（私はプルートの引用が好きです。衝突を避けたり、相手の気分を害するためにできることは何でもするべきだ、と多くの人が言います。しかし、私は、たとえ相手の気分を悪くするようなことがあっても、本当のことを言うのが本当の友だちだと思います。それに、受け入れがたい辛い真実を告げられる場合、友だちだと思っている相手にそれを聞かされるほうが気が楽ですよね）

解答例 **2**

I like Walter Winchell's quote the best. I think friends should support you in your best moments and your worst moments. My friends have helped me when I had a lot of trouble in life. And I always try my best to help them when there are in trouble too.

（私はウォルター・ウィンチェルの引用が一番好きです。友だちは、良いときでも悪いときでも、あなたを支えてくれるものだと思います。私の友だちは、私は人生でたくさんの困難を抱えているときに、私を助けてくれました。また、私も、彼らが困っているときは、常に全力で助けるようにしています）

2 Make a list of 10 things you look for in a friend. What is the most important quality in a friend?

解答例 **1**

compatibility / dependable / common interests / intelligence / courage / kindness / reliability / generosity / being a good listener

I think the most important quality in a friend is compatibility. I consider anyone I can stand to be in the same room with for an hour to be a friend. That may sound simple, but there are a lot of people who I just can't stand to be around.

（相性／頼れる／共通の趣味／知性／勇気／親切／信頼／寛容／聞き上手
友だちにとって最も重要な資質とは、相性だと思います。同じ部屋で一緒に1時間過ごせる人なら、その人は私の友だちです。単純に聞こえるかもしれませんが、一緒にいることに耐えられない相手もたくさんいます）

解答例 ②

caring / fun / funny / trustworthy / supportive / confident / giving / encouraging / forgiving / easy-going

Being able to make each other laugh is important for friends. Laughter is the best medicine when you're feeling sad, and friends are supposed to make you feel better. So, I think that people who can make you laugh and feel good are great friends.

（気遣う／楽しい／おもしろい／信頼できる／支えてくれる／自信がある／寛大な／勇気づけてくれる／寛容な／のんきな

お互いを笑わすことができることは、友だち同士にとって重要だと思います。悲しいとき、笑いは最上の薬です。そして、友だちが、あなたの気分をよくしてくれるはずです。だから、自分を笑わせたり、気分を良くしてくれる人たちは、素晴らしい友だちだと思います）

Glossary　語いまとめ

▶▶ "Roommates" p.45

▶ **age（名詞）** 年齢

例 May I ask your <u>age</u>?（年齢をお聞きしてもよろしいですか？）

▶ **cafeteria（名詞）** カフェテリア

例 We're going to the <u>cafeteria</u> to have lunch.（昼食を食べに、これからみんなでカフェテリアに行くところです）

▶ **cast（名詞）** ギプス

例 The doctor put her left arm in a <u>cast</u>.（その医者は彼女の左腕にギプスをはめた）

▶ **clean（名詞、形容詞）** きれいにする；きれいな

例 Jimmy, <u>clean</u> your room right away.（ジミー、自分の部屋をすぐに掃除しなさい）

▶ **cool（形容詞）** かっこいい／ uncool（形容詞） ださい、やぼったい

例 Your car is <u>cool</u>, but you are <u>uncool</u>.（あなたの車はイケてるけど、あなたはダサいわね）

▶ **dorm（名詞）** 学生寮（= dormitory）

例 Many exchange students live in this <u>dorm</u>.（多くの交換留学生は、この寮に住んでいます）

▶ **fail（動詞）** 落第する

例 Beth <u>failed</u> in the math test last week.（ベスは先週、数学のテストに落第しました）

▶ **funny（形容詞）** おかしい、おもしろい

例 The movie I saw last night was pretty <u>funny</u>.（昨晩見た映画はかなりおもしろかった）

▶ helmet（名詞）　ヘルメット

例 When you ride a motorbike, you need to wear a <u>helmet</u>.（オートバイに乗るときには、ヘルメットをかぶる必要があります）

▶ highway（名詞）　幹線道路、高速道路

例 He drove down the <u>highway</u> to San Francisco.（彼はサンフランシスコまで、車でハイウェイを走った）

▶ job（名詞）　仕事

例 She is still looking for a <u>job</u>.（彼女はまだ職探しをしています）

▶ lake（名詞）　湖

例 We stayed in a small hotel by the <u>lake</u>.（私たちは湖畔の小さなホテルに泊まりました）

▶ mess（名詞）　混乱、乱雑、寄せ集め／ messy（形容詞）　散らかった

例 Jake's bedroom was <u>messy</u>, so his mother became upset.（ジェイクの部屋が散らかっていたので、彼の母親は怒った）

▶ mirror（名詞）　鏡

例 Mike looked at himself in the <u>mirror</u>.（マイクは自分の姿を鏡で見ました）

▶ noise（名詞）　騒音／ noisy（形容詞）　うるさい

例 What's that <u>noise</u>?（あの音はなんだろう？）

▶ oil（名詞）　油

例 He put some <u>oil</u> in the frying pan.（彼はフライパンに油を入れた）

▶ pain（名詞）　痛み

例 I have a <u>pain</u> in my back.（背中に痛みがあります）

▶ party（名詞）　パーティ

例 We are having a <u>party</u> this weekend.（今週末、パーティをやります）

▶ ride（動詞）　〜に乗る／ rider（名詞）　ライダー、運転手

例 I'm learning how to <u>ride</u> a bicycle.（自転車に乗る練習をしています）

▶ snore（動詞）　いびきをかく

例 My wife <u>snores</u> at night.（妻は寝ているときにいびきをかきます）

▶ town（名詞）　街

例 This <u>town</u> has a lot of parks.（この街にはたくさんの公園があります）

"Roommates" 本文のイラストを見ながら、以下の問題に答えてください。

❶ Which of the following best describes the picture on page 5?

A. They are saying goodbye.

B. The three people look very sad.

C. The woman is dancing with the man.

❷ Which of the following best describes the picture on page 10?

A. The boy is cleaning the room.

B. They are having a party.

C. The boy made the room messy.

❸ Which of the following best describes the picture on page 16?

A. The man is helping the boy.

B. The man is scolding the boy.

C. The man is trying to sell something.

❹ Which of the following best describes the picture on page 18?

A. The boy is washing some dishes.

B. The boy is cooking a meal.

C. They are working at a hotel.

❺ Which of the following best describes the picture on page 32?

A. They are having a fight.

B. They are late for class.

C. They are studying for a test.

解答 ➜ p.54

❶ 正解：A

■訳■

5 ページのイラストを最も適切に描写しているのは、次のどれですか？

A. 彼らはお別れをしています。
B. その 3 人はとても悲しそうです。
C. 女性は男性と踊っています。

❷ 正解：C

■訳■

10 ページのイラストを最も適切に描写しているのは、次のどれですか？

A. 男の子は部屋を掃除しています。
B. 彼らはパーティをしています。
C. 男の子は部屋を散らかしました。

❸ 正解：B

■訳■

16 ページのイラストを最も適切に描写しているのは、次のどれですか？

A. 男性は男の子を手伝っています。
B. 男性は男の子を叱っています。
C. 男性は何かを売ろうとしています。

❹ 正解：A

■訳■

18 ページのイラストを最も適切に描写しているのは、次のどれですか？

A. 男の子は皿を洗っています。
B. 男の子は食事をつくっています。
C. 彼らはホテルで働いています。

❺ 正解：A

■訳■

32 ページのイラストを最も適切に描写しているのは、次のどれですか？

A. 彼らはケンカをしています。
B. 彼らは授業に遅れました。
C. 彼らは試験勉強をしています。

Story 3
Soccer Crazy

サッカーに夢中!

Estelaはブレントン大学の女子サッカーチームのキャプテンで、サッカーの実力もあり、いつも懸命に練習していました。ある日、彼女は男子サッカーチームのキャプテンのMikeから、ある「ビッグニュース」を伝えられます…。

People in the story 登場人物

Estela Ramos　エステラ・ラモス
エステラはブレントン大学女子サッカーチームのキャプテンです。彼女は全米女性チームでいつかプレイしたいと思っています。

Katy Burns　ケイティ・バーンズ
ケイティはエステラの友だちです。彼女は女子チームの選手です。彼女はあまりサッカーが上手くありません。

George Gray　ジョージ・グレイ
ジョージはブレントン大学サッカーチームの新コーチです。

Professor Melanie Saunders　メラニー・サンダーズ教授
メラニー・サンダーズ教授は、ブレントン大学テコンドーチームのコーチです。彼女は問題を抱えた学生の手助けをしています。

Mike Gomez　マイク・ゴメス
マイクは男子サッカーチームのキャプテンです。

このストーリーの舞台は、アメリカ北西部の学生街ブレントンです。

ここに気をつけて読んでみよう！

▶ Estela は何が不満でしたか？

▶ 新しいコーチは、なぜ女子チームの指導をしなかったのでしょうか？

▶ Estelaは、新しいコーチにどんな提案をしましたか？

第1章 Big news （大ニュース）

[L.1] Estela Ramos is running hard down the soccer field. （エステラ・ラモスは、サッカー場を一生懸命に走っていました）

→ run hard は「懸命に走る」という意味です。down は「〜の先のほうに」という意味で、特に具体的な「方向」は示していません。

[L.7] "Katy, to me!" calls Estela. Katy kicks the ball to Estela, but it goes out. （ケイティ、私にパスして！」とエステラは大声で言いました。ケイティはエステラにボールを蹴りましたが、ボールは外に出てしまいました）

→ To me! は Pass the ball to me! を省略したものです。また、It goes out. は「ボールがフィールドの外に出る」ことを表しています。

[L.11] *It's always like this.* （「いつもこんな感じよね」）

→ like this「こんな感じで」は、具体的には「ちゃんとパスが通らない」「みんなが思ったとおりに動いてくれない」といったことを指しています。

[L.20] "Hey, Estela," someone calls. "Come here." / It's Mike Gomez, the men's team captain. （「ねえ、エステラ」と誰かが叫びました。「こっちに来てよ」／男子チームキャプテンのマイク・ゴメスでした）

→ someone calls の段階では「誰なのか」は示されていません。It's Mike Gomez. という記述で、はじめてそれが「マイク・ゴメスだった」ということがわかります。

[L.1] "What does he want?" Katy asks. （「何の用かしら？」とケイティはたずねました）

→ What does he want? は「彼が何が欲しいの？」という意味ですが、ここでは「何の用なのかしら？」というニュアンスで使われています。

[L.10] His phone is in his hand. On it he's reading the college newspaper homepage, *thebrentonsun.com.* （彼は携帯を手に持っていました。その携帯で、彼は学校新聞のホームページ thebrentonsun.com を見ていました）

→ ホームページを見ていたのですから、マイクが持っていたのはスマートフォンだと思われます。しかし、英語では「スマートフォン」と「携帯」を特に区別しません。そのため、「スマートフォン」のことも、単に phone と呼ぶことがあります。

L.12 Estela reads it out. "George Gray comes to Brenton." （エステラは、それを声に出して読みました。「ジョージ・グレイがブレントンにやってくる」）

➜ read out は「読み上げる」「声に出して読む」「音読する」という意味です。read aloud もほぼ同じ意味です。

L.13 Then she says: "Oh, my ...!" （それから彼女は「まあ、なんてこと！」と言いました）
➜ この Oh, my ...! は、驚きを示すための表現です。

L.15 "An ex-England player! " （「元イングランドチームの選手よ！」）
➜ ex- は「元」という意味を表す接頭辞です。ex-president なら「元社長」、ex-husband なら「前夫」、ex-boyfriend なら「元カレ」という意味になります。なお、口語では、ex だけで「昔の恋人」「昔の夫（妻）」という意味を表せます。

L.18 "Is this good?" Katy asks. / "Good?" says Estela. "It's not just good. It's great!" （「これって、いいことなの？」とケイティはたずねました。／「いいこと？」とエステラはいました。「いいなんてもんじゃないわよ。すばらしいことよ！」）
➜ この It's not just good. It's great! は、「good どころではなく、great です！」のような意味を表しています。

L.23 *With him as coach, we can be great.* （「彼がコーチなら、すばらしいチームになれるわ」）
➜ この with ～は「条件」や「状況」を示しています。ここでは「コーチとして彼がいれば…」「彼がコーチなら」といった意味を表しています。

Reader p. 7

L.3 "He's not coming," says Katy. / "Yes, he is, Katy," she says. （「彼は来ないわよ」とケイティは言いました。「いいえ、来るわ、ケイティ」と彼女は言いました）
➜ 英語では Yes ですが、自然な日本語に訳すと「いいえ」になることに注意しておきましょう。He's not coming. のような「否定文」に対して Yes / No を用いる場合、日本語の発想でいくと Yes / No を逆にしてしまうことがあるので気をつけてください。

L.20 Then Estela puts them on two teams, and they play a short game. （それからエステラは、彼女たちを 2 つのチームに分け、ミニゲームを行いました）
➜ put them on two teams は「メンバーを 2 つのチームに割り振る」ことを表しています。

L.22 Estela stops playing and looks at the men walking onto the field. （エステラはプレイするのをやめて、フィールドに歩いて入ってくる男性たちを見ました）
➜「～するのをやめる」は stop ～ ing です。stop to do という形は用いることができません。例えば She stopped eating. は「彼女は食べるのをやめた」という意味ですが、She stopped to eat. は「彼女は食事するために、手を休めた（立ち止まった）」のような意味になります。

L.3 "I want to see you play!"（「君らのプレイを見せてくれ！」）

→ 「see ＋人＋原形」で「人が～するのを見る」とう意味になります。「see ＋人＋～ ing」は「～
している のを見る」という「瞬間的」な捉え方ですが、「see ＋人＋原形」のほうは「最
初から最後まで見る」というニュアンスになります。そのため、この I want to see you
play! は「サッカーをプレイしてみてくれ。それを最後まで見届けるから」というような
意味を表しています。

L.15 She has a good time, but later that night when she goes to bed, she can't sleep.
（彼女は楽しんでいましたが、その後夜になってベッドに入るときに、寝つくことができませ
んでした）

→ go to bed は「ベッドに入る」という意味であって、「眠りにつく」ことは意味しません。
なお、go to sleep なら「眠りに落ちる」という意味を含みます。

第2章　A man's game?（男の試合？）

L.5 "What is it?" he asks.（「何の用かね？」と彼はたずねました）

→ What is it? は「要件はなんですか？」とたずねるときに使われる表現です。What do
you want? ということもできますが、こちらはやや「ぶっきらぼう」な感じになります。

L.7 "Some of us are good. But we aren't very good as a team. We need a really
good coach. Someone like you."（うまい人もいます。でも、チームとしてはあまり強く
ありません。だから、本当に優秀なコーチが必要なんです。あなたのような）

→ Some of us are good. は「私たちの一部は上手です」、つまり「うまい人もいます」と
いう意味になります。

L.11 "Do women really play soccer here?"（この国では、本当に女性もサッカーをするのか
い？）

→ この here は「この国」、つまり「アメリカ」のことを指しています。

L.13 Estela knows that in England women don't often play soccer.（エステラは、イン
グランドでは、女性はそれほどサッカーをしていないことを知っていました）

→ コーチは元イングランドチームの人なので、「コーチのいたイングランドでは…」という
ことになります。

L.24 "Show me what you can do," he says to Estela and the other women on the
team.（「実力を見せてもらおうかな」と、彼はエステラとチームの他の女性たちに言いました）

→ Show me what you can do. は、「私に（me）あなたが何をできるのか（what you can do）を見せなさい」という意味です。show は、このように「show ＋人＋もの」という形で使うのが基本です。

L.3 Estela's good, as always. She runs very fast and scores two goals. (エステラは、いつものとおりすばらしいプレイをしていました。俊足を生かして 2 ゴールを決めました)
→ as always は「いつものとおり」「いつもと変わらず」「いつもそうであるように」という意味です。

L.7 He isn't watching the women at all! (彼は女性たちをまったく見ていませんでした)
→ at all は、否定ごと組み合わせることで、「まったく～ない」という意味を表します。

L.11 "About what?" asks Gray. / "About what?! About our team, that's what." (「何についてだ？」とグレイはたずねました。／「何について？ それは、私たちのチームについてですよ」)
→ What do you think? と聞かれて、About what? と答えているので、「何についてどう思うかと聞いているのだ？」という質問になります。About our team, that's what. は、「私たちのチームのことです。それが（that's）、あなたの質問の what の内容です」というのが直訳で、「聞いているのは、私たちのチームについてですよ」という意味になります。

L.27 She gets dressed and opens the door of the locker room. (彼女は着替えると、ロッカールームのドアを開けました)
→ get dressed は「着替える」という意味で、特に「きちんとした服に着替える」というイメージです。ここでは、「練習着から普段着に着替えた」ことを表しています。

L.6 Estela walks back to the college. It's a long walk, but she needs to think, and she needs to walk. (エステラは大学まで歩いて戻りました。かなりの距離でしたが、彼女はいろいろ考える必要があったので、歩く必要があったのです)
→ 「ひとりであれこれ考えたかったので、歩きながら考えるために、大学まで戻った」ということですね。

L.17 Melanie Saunders stops and looks at Estela. "But the man's new!" she says. "Give him time, Estela, give him time!" (メラニー・サンダーズは立ち止まって、エステラを見ました。「でも、その男性は、まだ来たばかりだよ！」と彼女は言いました。「時間を与えなさい、エステラ、時間を与えるんですよ」)
→ この Give him time. は、「まだ慣れていないのだから、しばらく待ってあげなさい」と

いうニュアンスです。なお、「時間」の time は不可算扱いなので、冠詞は不要です。

L.27 *And with that, Professor Saunders walks away very fast.* (そう言って、サンダーズ
教授は足早に去って行きました)

→ with that は「そのように言って」という意味で、通例、文頭で用いられます。

L.30 *Now what? she thinks.* (「さて、どうする?」と彼女は思いました)
→ Now what? は「これからどうする?」という意味です。

第 3 章　The new coach (新しいコーチ)

Reader p. 14

L.6 "I don't know who to talk to or what to do, Katy." (「誰に相談したらいいかも、何
をしたらいいかもわからないの、ケイティ」)

→ who to talk to は「誰に話したらいいか」、what to do は「何をしたらいいか」という意
味になっています。これら 2 つの要素が、not A or B「A も B も〜ない」というパター
ンで並べられています。

L.8 They eat their sandwiches and have their cold drinks. (彼女らはサンドイッチを食
べて、冷たい飲み物を飲みました)

→ このように、have には「飲み物を飲む」という意味もあります。

L.12 "Some of the girls want to go to the movies. There's a new movie out ..." (「一
部の女の子は、映画に行きたいって言ってるの。新しい映画が公開されたから…」)

→ There's a new movie out. は、「新作の映画が公開された」という意味です。この out は「世
に出て」のようなニュアンスです。The band got a new album out. なら、「そのバンド
は新作のアルバムをリリースしました」という意味になります。

L.15 "Katy, you must come to practice. I'm the captain of this team and I'm telling
you that you must come." (「ケイティ、練習に来ないとだめよ。このチームのキャプテ
ンは私なの。その私が、あなたに来なさいと言っているんだから」)

→ つまり、「キャプテンの命令は絶対だから、ちゃんと練習に来なさい」と言っているわけ
です。

Reader p. 15

L.2 "Listen," she says, "you are good. We're good. We need a coach, that's all.
Then we can be really good." (「ねえ、聞いて」と彼女は言いました。「あなたはすばら

しいし、私たちはみんなすばらしいわよ。私たちにはコーチが必要なの。ただそれだけのこと。そうすれば、私たちは本当にすばらしいチームになれるのよ」)

→「コーチがいれば、単なる good から really good に進化できる」ということですね。

L.7 *Maybe I can coach the team myself?* (私がチームのコーチをやれるかもしれない)

→ coach は、このように「コーチとして〜を指導する」という意味の動詞として使うこともできます。

L.8 Estela gets to soccer practice at about 3:30. She wants to practice alone for fifteen minutes before the other women come. (エステラはサッカーの練習には、3時半ごろにやって来ていました。彼女は他の女性が来る前に、15 分間ひとりで練習したかったのです)

→ 1 つ目の文の practice は名詞、2 つ目の文の practice は動詞です。

L.14 "New Training Times" it says. (その紙には「新練習時間」と書いてありました)

→ it は「紙」を指しています。このように「文書」などが主語になった場合、say を使って「〜と書いてある」という意味を表すことができます。

L.14 "Your training time is later now," he says. (「君たちの練習時間は、今よりも遅くなった」と彼は言いました)

→ この later は「今よりも後で」「今よりも遅く」という意味です。

L.17 "It's the evenings now," says Gray. "I need the afternoons for the men. They have the Championship next month." (「今後は、練習は夜になる」とグレイは言いました。「午後の時間は、男子チームのために必要なんだ。彼らは来月大会に出るから」)

→ It's the evenings now. の it は、少し前の your training time を指しています。

Reader p. 17

L.1 "Then the men can have that time!" she says. (「それなら、男子チームが、その時間にやればいいじゃないですか！」と彼女は言いました)

→ that time は「夜の時間」(the evenings) を指しています。

L.1 Her face is red. (彼女は顔を真っ赤にしていました)

→「恥ずかしさ」で顔が赤くなることもありますが、ここでは「怒り」のために赤くなっています。

L.5 "That's the only time there is," says Gray. (「その時間しかないんだ」とグレイは言いました)

→ That's the only time there is. の the only time (that) there is は、「存在する (there is) 唯一の時間」という意味になっています。

L.12 They don't speak for some time. （ふたりは、しばらくの間黙っていました）

→ say は「話す内容」に重点が置かれるのに対し、speak は「話すという行為」を表す動詞です。ここでは、「言葉を一切発しなかった」ということを言いたいので、speak が用いられています。

L.13 "You don't like the women's soccer team, Mr. Gray, do you?" （「あなたは、女子サッカーチームのことが好きではないのですね、グレイさん？」）

→ You don't like ..., do you? で「好きではないのですね？」という意味の付加疑問文になっています。エステラが「好きではないと思っている」ことが前提になっている言い方です。

L.19 "We play your men's team in a game," she goes on. （「私たちは、あなたの男子チームと試合で対戦します」と彼女は続けて言いました）

→ lay は play soccer のように「（スポーツを）する」という意味以外にも、この文のように、「～と対戦する」「～と試合する」という意味があります。

L.20 "We win, you coach us. We don't win, we stop playing soccer here!" （「私たちが勝ったら、コーチになってもらいます。もし勝てなかったら、ここでサッカーをするのをやめます！」）

→ We win, you coach us. は、If we win, you coach us. とほぼ同じ意味です。次の、We don't win, ... も If we don't win, ... とほぼ同じと考えていいでしょう。

L.26 *Crazy, am I?* Estela thinks. *Let's see ....* （「頭がおかしい？私が？」とエステラは思いました。「さて、どうかしらね…」）

→ Let's see. は「さて…」「ええと…」のような意味でも用いられますが、ここでは「さて、どうかしらね」といった感じの「ひとりごと」になっています。

第4章 Soccer crazy （サッカーに夢中）

Reader p. 18

L.7 "We must be strong now. Or, we can't play soccer as a team at all." （「強くならなければだめよ。さもないと、みんなでサッカーをすることができなくなってしまうわ」）

→ この or は「さもないと…」「そうしなければ…」という意味です。たとえば Hurry up, or we'll be late for school. なら、「急ぎなさい、そうしないと学校に遅刻しちゃうから」という意味です。

L.15 "It's the only way," says Estela. （「それが唯一の方法なのよ」とエステラは言いました）

→ 「そうするしかないのよ」と、みんなを説得しようとしている場面です。この way は「道」ではなく、「手段」「方法」という意味です。

L.16 The women talk more. "OK," they say, "we're with you, Estela." (チームの女性たちは、さらに話し合いました。「わかった」と彼女たちは言いました。「私たちは、あなたと同じ気持ちよ、エステラ」)

➡ with you は「あなたと一緒にいる」→「あなたと同じ意見で」という意味です。たとえば、I'm with you on that. なら、「それに関しては、あなたと同意見です」という意味です。

Reader p. 20

L.1 The game is the next week on Wednesday afternoon. (試合は次の週の水曜日の午後に行われます)

➡ 「水曜日の午後に」は、このように on Wednesday afternoon と表現します。単に「午後に」の場合は、on ではなく in を使って in the afternoon となることに注意しましょう。

L.3 They practice early in the morning and they practice late at night. (彼女たちは早朝に練習し、夜遅くに練習しました)

➡ early in the morning は「朝早くに」、late at night は「夜遅くに」という意味です。「夜に」は、このように at night と表現し、定冠詞は不要です。

L.7 Estela makes them do exercises for the first hour. (エステラは、彼女たちに最初の1時間、運動をさせました)

➡ 「make ＋人＋動詞の原形」で「人に～させる」という意味を表します。このようなタイプの動詞を「使役動詞」といいます。

L.18 "What's wrong with you?" (「どうしたの？」)

➡ 「何か問題があるの？」「どうしたの？」という意味で、What's the matter with you? も、ほぼ同じ意味の表現になります。

L.25 "But it's not really a team." (「でも、これじゃあチームとは言えないわ」)

➡ 「エステラが個人プレイばかりしているので、これでは『チームとして戦っている』とは言えない」という不満をこぼしています。

Reader p. 21

L.4 Everyone is quiet. (みんな黙っていました)

➡ is の代わりに remain を使って、Everyone remains quiet. ということもできます。

L.14 "Thanks for that, Estela," they say. / "No, thank you," says Estela. (「そう言ってくれてありがとう」と彼女たちは言いました。／「いいえ、こちらこそありがとう」とエステラは言いました)

➡ Would you like some more?（もう少し食べませんか？）などと言われたときに、No,

thank you. と言うと、「いいえ、もう結構です」という意味になりますが、この No, thank you. は少しニュアンスが違います。No は「どういたしまして」という意味で、そのあとで「こちらこそありがとう」という意味で thank you が使われています。

第5章　A woman's game? (女の試合?)

Reader p. 22

L.2 **They do some exercises to get ready for the game.** (彼女たちは少し運動をして、試合に備えました)
→ あるいは「彼女たちは、試合に備えるために、少し運動をしました」と訳すこともできます。

L.13 **The men are slow to start.** (男子チームは、出だしはゆっくりとしていました)
→「最初のうちは本腰を入れていなかった」あるいは「最初は調子が出なかった」ということです。

L.15 **Estela is everywhere, running, getting the ball.** (エステラは、フィールドのいたる所を駆け回り、ボールをキープしました)
→ everywhere は「あらゆる場所に」ということですが、少し大げさな言い方で、「あちこちを駆け回った」ということを表しています。

L.20 **Mike Gomez tries to get the ball, but Estela is too fast.** (マイク・ゴメスはボールを奪おうとしましたが、エステラはとても素早く動きました)
→ too fast は「速すぎる」ということですが、ここでは Estela is too fast for mike to get the ball. の省略で、「エステラの動きが速すぎて、マイクはボールを奪えなかった」ということを表しています。

L.21 **Estela takes the ball on her right foot and shoots toward the goal.** (エステラは右足でボールをとり、ゴールに向かってシュートしました)
→ shoot は「ボールをシュートする」という意味の動詞です。

Reader p. 24

L.3 **"That's not a goal," calls the captain. "It's offside!"** (「あれはゴールじゃない」とキャプテンが叫びました。「オフサイドだ!」)
→ この the captain は「男子チームのチャプテン」、つまりマイクのことを指しています。

L.8 **They run fast and get near the goal often.** (彼らは素早く走り、たびたびゴールのそばまでやって来ました)

→ they は「男子チームのメンバーたち」を指しています。get near ～は「～の近くにやって
くる」という意味です。

L.16 One of the men kicks Julie Dokic very hard. (男性チームの 1 人が、ジュリー・ドキッ
チを思いっきり蹴飛ばしました)
→ この the men は「男性チーム（のメンバーたち）」を指しています。

L.18 She gives her hand to Julie. "Don't worry about him. He's angry because we're
good." (彼女はジュリーに手を差し出しました。「彼のことなんてかまわないで。私たちが強
いので、怒っているだけだから」)
→ gve *one's* hand to ～は「握手のために～に手を差し出す」という意味です。ここでは、「倒
れているジュリーを起こすために片手を差し出した」ことを表しています。

L.26 Then she gets the ball and runs a long way down the field with it. (それから彼
女はボールを奪い、ボールをキープしたまま、フィールドをずっと走りました)
→ run a long way は「長い距離を走る」という意味です。また、with it とあるので、「ボー
ルをキープしたまま走る」、つまり「ドリブルした」ことを表しています。

Reader p. 25

L.3 "It's yours, Katy," she calls. (「あなたのボールよ、ケイティ」と彼女は叫びました)
→ It's yours. は「そのボールはあなたのものよ」、つまり「あなたにボールは任せるわ」と
いうことを言っています。

L.6 It goes past the goalkeeper and into the goal. (それはゴールキーパーを越えて、ゴー
ルに入りました)
→ goes past the goalkeeper と goes into the goal という、2 つの表現がまとめた形で示
されています。

L.15 Estela and the women walk off the soccer field. (エステラと女性チームのメンバー
たちは、サッカー場から歩み去りました)
→ walk off ～は「～歩いて離れる」という意味です。off は「（～を）離れて」という意味で、
例えば take off「離陸する」の off も「地面から離れて」という意味を表しています。

L.23 She puts her head in her hands. She sits there for a long time. (彼女は頭を抱えま
した。彼女はそこに長い間座っていました)
→ この put *one's* head in *one's* hands は「頭を抱える」という意味で、「悩んでいる」「悔
しがっている」「悲しんでいる」様子などを表すための表現です。

Reader p. 26

L.6 "Because that's it!" says Estela. (「だって、これでおしまいですから！」とエステラは言

いました）

→ That's it. は「これでおしまい」という意味になります。

L.8 "No more women's soccer team," says Estela. （「女子チームはこれで終わりですね」とエステラは言いました）

→ no more 〜は「これ以上〜ない」という意味です。後に名詞を置くことで「〜はもう終わり」「〜はもう結構です」という意味を表せます。No more discussion. なら「もうこれ以上話すことはありません」、No more excuses. は「もう言い訳はやめてください」という意味です。

L.9 "And what about me? I want to play soccer for the U.S. team one day. How can I do that now?" （「でも、私はどうなるの？ 私はいつか全米チームでサッカーをしたいと思っているのに、どうすればいいっていうの？」）

→ and から始まる文は、多くの場合、直前の内容を受けて「でも…」「それじゃあ…」などのような意味になります。

L.17 "I'm very sorry. Before, I ..." （「本当に申し訳ない。以前は、その…」）

→ この before は「〜の前に」という前置詞ではなく、「以前は」という意味の副詞です。

L.20 "From now on, I want to work with you," he says. "Can I be your coach?" He's smiling. （「今後は、君たちと一緒にやっていきたいんだ」と彼は言いました。「君たちのコーチになってもいいかな？」彼はほほえんでいました）

→ from now on は「今後は」「これからは」という意味です。

L.27 He's laughing now. （彼は今や笑っていました）

→ 少し前で He's smiling. （彼はほほえんでいました）とあり、「今や（now）彼は声を出して笑っていました」とつながっています。smile が単に「表情」のことを指すのに対し、laugh は「声を出して笑う」という違いがあることに注意しましょう。

A　登場人物の説明を選ぶ問題

1. e
➡ P.13 の "Anyway," says Professor Saunders. "Please speak to Mr. De Veer. Not me." / De Veer, thinks Estela. The vice-president of the college. から判断できます。

2. c
➡ P.4 に Estela's the captain of the women's soccer team at Brenton College. と書いてあります。

3. a
➡ P.6 にある "George Gray? Who's that?" asks Katy. / "An ex-England player!" says Mike. という会話から判断できます。

4. d
➡ P.13 の She's the coach of the taekwondo team, too. という文に注目しましょう。この she は Professor Saunders のことです。

5. b
➡ P.4 に It's Mike Gomez, the men's team captain. とあるので、彼が「男子チームのキャプテン」だとわかります。

B　あらすじ完成問題

1. e. think soccer is a man's game
➡ P.11 で、"Why don't you help us? Is it because you think soccer is a man's game?" と聞かれて、Yes と答えています。
※原書では正答が a となっていますが ("Soccer Crazy" P.28)、これは間違いで正しくは上記のとおりです。

2. b. play against the men's team
➡ P.17 に "We win, you coach us. We don't win, we stop playing soccer here!" という発言があります。

3. d. stop playing soccer here
➡ P.17 に "We win, you coach us. We don't win, we stop playing soccer here!" という発言があります。

4. f. practice hard every day for two hours
➡ "You must help me. For the next weeks, we need to practice every day for two hours." という提案をチームのみんなが受け入れています (P.18)。

5. a. think it is easy to beat the women

→ P.22 の They think a game against the women is easy. の言い換えです。

6. c. asks if he can be their coach

→ P.26 の Can I be your coach? という発言を見落とさないようにしましょう。

C クロスワードパズル

●横の列

3. captain

→「スポーツチームのリーダー」は captain「キャプテン」です。

4. team

→ サッカーの team「チーム」は 11 人構成です。

5. keeper

→「ボールがゴールに入らないようにする」のは keeper「キーパー」。

6. field

→ サッカー選手は field「フィールド」でプレイします。

●縦の列

1. ninety

→ サッカーの試合は ninety「90」分です。

2. goal

→ goal「ゴール」を決めると 1 点入ります。

3. coach

→「スポーツチームを鍛える人」は coach「コーチ」です。

4. train

→ 一生懸命 train「練習」することで、チームは強くなります。

Spotlight on . . . Women's Soccer　テーマ「女子サッカー」　▶▶ "Soccer Crazy" p.29

以下の表現を確認してから読んでみましょう。

Vocabulary

▶ for exercise and fun　運動や楽しみのために
▶ organized　組織的な、プロの
▶ best-known　最も有名な
▶ of all time　史上
▶ Athens　アテネ

1 **Do you know of any famous female sports stars?**

解答例 **1**

My favorite kickboxer is a woman. Her name is Michelle Jai, and she is from Hawaii. She does not have a great fight record, but she always fights hard and looks so cool. She has inspired me to start kickboxing too.

（私の好きなキックボクサーは女性で、名前はミシェル・ジェイといい、ハワイの人です。彼女はあまり戦績はよくありませんが、いつも一生懸命戦うので、すごくかっこいいです。彼女の影響で、私もキックボクシングを始めたんです）

解答例 **2**

I like Serena Williams. She is an amazing tennis player who has won many championships. She is not only one of the best tennis players today, I think she is also one of the greatest athletes ever.

（私はセレナ・ウィリアムズが好きです。彼女は素晴らしいテニス選手で、多くの大会で優勝しています。彼女は今日最高のテニス選手の1人であるだけでなく、最高のアスリートの1人だと思います）

2 Do you think women's soccer will be as popular as men's soccer one day?

解答例 ❶

Yes, I think that women's soccer is becoming more popular today. The number of people watching the Women's World Cup is increasing each year. In the future, I think that they will be equally popular.

（はい、今日女子サッカーの人気は高まってきていると思います。女子のワールドカップの観戦者の人数も毎年増えています。将来は、男子と同じぐらい人気が出るでしょう）

解答例 ❷

No, I don't think that women's soccer will ever be as popular as men's soccer. To be honest, I just don't think it's as exciting. Women's soccer seems to be less active and the matches have lower scores overall.

（いいえ、私は女子サッカーが男子サッカーと同じぐらい人気になるとは思いません。正直に言うと、女子サッカーは面白いと思いません。女子サッカーは、動きがあまりないし、総じてスコアもあまり入らないからです）

Glossary　語いまとめ

► ► "Soccer Crazy" p.30

▶ captain（名詞）　キャプテン

例 He has led the team as the captain for 10 years.（彼はキャプテンとしてチームを 10 年引っ張ってきました）

▶ championship（名詞）　選手権

例 This team might win the championship someday.（このチームは、いつか選手権で優勝するかもしれません）

▶ coach（名詞）　コーチ、指導者

例 This coach give her some good advice.（コーチは彼女によいアドバイスをしました）

▶ exercise(s)（名詞）　運動

例 I'm not getting enough exercise lately.（最近、あんまり運動できていません）

▶ (soccer) field（名詞）　（サッカーの）フィールド

例 You need to show what you can do in the field.（フィールド上では、自分ができることを見せなければなりません）

▶ score a goal（動詞）　ゴールを決める

例 Joe scored five goals in a row.（ジョンは 5 連続でゴールを決めました）

▶ locker room（名詞）　ロッカールーム

例 All the players went back to the locker room.（すべての選手がロッカールームに戻りました）

▶ media studies（名詞）　メディア学

例 Chris is majoring in media studies.（クリスはメディア学を専攻しています）

▶ offside（形容詞）　オフサイドの

例 The ball crossed over the offside line.（ボールはオフサイドラインを越えました）

▶ practice（動詞）　練習

例 All you need is practice every day, rain or shine.（雨の日も晴れの日も、ただ毎日練習しさえすればいいのです）

▶ proud（形容詞）　自慢げな、誇らしげな

例 John is proud of his father.（ジョンは、自分の父親のことを誇りに思っています）

▶ taekwondo（名詞）　テコンドー

例 He started practicing taekwondo when he was 13.（彼は 13 歳のときにテコンドーを始めました）

▶ team（名詞）　チーム

例 I belong to the school baseball <u>team</u>.（私は学校の野球チームに所属しています）

▶ tough（形容詞）　きつい、難しい

例 It's really <u>tough</u> to run a marathon.（マラソンを走るのは本当に大変です）

▶ tracksuit（名詞）　トラックスーツ

例 The man over there in a <u>tracksuit</u> is Mr. Johnson.（あそこにいる、トラックスーツを着ている男性はジョンソンさんです）

▶ vice-president（名詞）　副学長

例 She is <u>vice-president</u> of our school.（彼女は私たちの学校の副学長です）

▶ win（動詞）　勝つ

例 I'll do my best <u>win</u> in the upcoming election.（今度の選挙で勝つためにベストをつくすつもりです）

Activity：イラストを見て答えよう

"Soccer Crazy" 本文のイラストを見ながら、以下の問題に答えてください。

❶ Which of the following best describes the picture on page 5?

A. Two people are playing a sport.

B. A girl is dancing.

C. Two girls are performing music.

❷ Which of the following best describes the picture on page 9?

A. The man is talking to the girl.

B. The girl is giving a speech.

C. The man is sharing a plan.

❸ Which of the following best describes the picture on page 16?

A. The girl is mad at the man.

B. The man is giving the girl a tour.

C. They are designing a poster.

❹ Which of the following best describes the picture on page 19?

A. They are watching a movie.

B. They are looking for something.

C. They are having a meeting.

❺ Which of the following best describes the picture on page 23?

A. A girl is kicking a boy.

B. Two teams are competing.

C. A boy is waving at a girl.

解答 → p.76

❶ 正解：A

■ 訳 ■

5ページのイラストを最も適切に描写しているのは、次のどれですか？

A. 2人の人がスポーツをしています。
B. 女の子が踊っています。
C. 2人の女の子が音楽を演奏しています。

❷ 正解：C

■ 訳 ■

9ページのイラストを最も適切に描写しているのは、次のどれですか？

A. 男性が女の子に話しかけています。
B. 女の子がスピーチをしています。
C. 男性が作戦をみんなに教えています。

❸ 正解：A

■ 訳 ■

16ページのイラストを最も適切に描写しているのは、次のどれですか？

A. 女の子は男性に腹を立てています。
B. 男性は女の子を案内しています。
C. 彼らはポスターのデザインをしています。

❹ 正解：C

■ 訳 ■

19ページのイラストを最も適切に描写しているのは、次のどれですか？

A. 彼らは映画を見ています。
B. 彼らは何かを探しています。
C. 彼らはミーティングをしています。

❺ 正解：B

■ 訳 ■

23ページのイラストを最も適切に描写しているのは、次のどれですか？

A. 女の子が男の子を蹴っています。
B. 2つのチームが争っています。
C. 男の子が女の子に手を振っています。

リーダーの音声のご利用方法（ストリーミング再生）

National Geographic Learning の専用サイトにて、Page Turners シリーズの英文の朗読音声をご用意しています。PC・タブレット・スマートフォン等より、ストリーミング再生にて、ご利用いただけます。

【ご利用手順】

① 下記のURLを入力、またはQRコードを読み込んで専用サイトにアクセス
② 表示されたページでパスワード「PTerL1」を入力し、ENTERをクリック
③ Chapter番号の下の ▶ をクリックして音声を再生

https://ngljapan.com/pt-l1_audio/

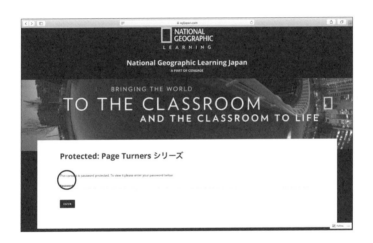

【ご利用上の注意】

● 音声は全て無料でご視聴いただけますが、スマートフォンやタブレット端末等からのご利用には、パケット通信料が別途かかります。無線LAN（Wi-Fi）に接続した状態でのご利用を推奨いたします。

● 無線LAN（Wi-Fi）に接続せずにキャリア回線で音声を再生する場合、お使い　のキャリアの料金プラン等によっては、パケット通信料が高額になる場合がありますので　ご注意ください。

● 上記サイト上の音声データは著作権法等で保護されています。音声データのご利用は、私的利用の場合に限られます。本データの全部もしくは一部を複製、または加工し、第三者に譲渡・販売することは法律で禁止されています。

Foundations Reading Library

Foundations Reading Libraryは、初めて英語の多読に挑戦される方に最適のGraded Readers※です。Level 1～7の7レベルあり、全部で42冊のシリーズです。

※Graded Readers（レベル別読みもの）とは、語彙や文法がレベルごとに制限されていて、段階的に難易度が上がっていく多読学習に最適なリーダーのことをいいます。

このシリーズでは、親しみやすいテーマを扱った物語を読みながら、文法や語彙を自然に学べます。一度学習した文法や語彙は、同シリーズの他レベル、また同レベルの他のリーダーでも繰り返し出てくるので、自然と身につきます。英語が苦手な学生も、初めて英語の本を手にする学生も、すんなり英語に親しめる工夫が満載です。

Level	YL	Headwords （見出し語）	Running Words （総語数）	Grammar（文法）
1	0.6	75	500-620	単純なSVO/SVCの構文・単純現在形・現在進行形
2	0.7	100	640-760	接続詞（and / but / because）を使って文をつなぐ・能力を表すcan/can't
3	0.8	150	680-910	複文・助動詞will・「…なはずがない」という意味のcan't・比較級（規則変化）
4	0.9	200	1,270-1,430	時を表す副詞句を導くwhen・助動詞must・比較級（不規則変化）
5	1.0-1.1	250	1,120-1,710	接続詞after・when・〈there＋was/were〉の構文・「許可」を表す助動詞（may / can）・過去進行形・should（提案）
6	1.1-1.3	300	1,970-2,300	接続詞so・〈if＋現在形〉のパターン・have to・should（義務）
7	1.2-1.4	350	2,100-2,500	2つ以上の主節を含む文・know・〈think/hope＋名詞節〉の構文・〈how＋形容詞〉のパターン

※YL＝読みやすさレベル（p.4参照）

▶ アメリカの高校生たちの友情、初恋など、親しみやすい身近な話題
▶ 繰り返し登場するレベル別に厳選された文法項目や語彙
▶ シリーズの中心として使われている 350 単語は、一般英語で最も使われる単語 500 語から抽出（政治・報道などの語彙は除く）

イラストも楽しい！

あれ？この場面、どこかで見たような・・・シリーズの内容理解とともに、探す楽しさも！

レベル別セット組販売について　　発行元：株式会社オープンゲート

英語多読セレクション Foundations Reading Library〈Level 1〉発売中

- Sarah's Surprise
- Goodbye, Hello!
- Bad Dog? Good Dog!
- The Tickets

☆初めての多読学習をサポートするアクティビティ BOOK 付

※Level 2 以降も順次刊行予定

英語多読セレクション
Page Turners 〈Level 1〉
アクティビティ BOOK

2020年1月31日　初版　第1刷発行

監修　　　山本史郎（東京大学名誉教授・昭和女子大学教授）
編集　　　株式会社オープンゲート編集部
発行者　　天谷修平
発行　　　株式会社オープンゲート
　　　　　〒101-0051 東京都千代田区神田神保町2丁目14番地　SP神保町ビル5階
　　　　　TEL: 03-5213-4125　FAX: 03-5213-4126
印刷・製本　株式会社ルナテック

ISBN 978-4-9910999-6-0　　©OpenGate 2020　Printed in Japan